석모도
산과 갯벌, 바다가 만든 역사

역사의 길
02

석모도

산과 갯벌, 바다가 만든 역사

홍영의 · 이영미 · 안홍민

글누림

강화도의 옆에 위치한 섬 석모도. 행정구역으로는 인천광역시 강화군 삼산면이지만 삼산면이라는 명칭보다는 석모도가 우리에게는 훨씬 익숙한 이름이다.

석모도는 과연 사람들에게 어떤 모습으로 기억되고 있을까? 무엇보다도 석모도는 여행과 휴식의 추억이 있는 곳이다. 산과 바다의 풍광이 훌륭하고 과거부터 숙박할 수 있는 펜션도 많아 하루 이틀 정도 휴식을 취하기에 괜찮은 곳이다. 이러한 조건 때문에 석모도는 대학생들에게 인기 있는 MT 장소이기도 했다. 석모도 안에서의 기억과 함께 강화도 외포리에서 배를 타고 석모도로 가던 추억도 있다. 배가 외포리를 출발하면 갈매기들이 여기저기서 모여들기 시작한다. 사람들이 던져주는 과자 때문이다. 과자를 던져주면 잘도 받아먹는 갈매기의 모습에 사람들은 즐거워했다.

필자에게도 석모도는 추억의 섬이다. 작은어머니의 본가가 석모도에 있어서 어렸을 적 여름방학에 사촌 형제들과 함께 몇 차례 석모도에 놀러갔다. 넓은 들판이 펼쳐진 섬 이곳저곳을 정신없이 뛰어다녔던 기억, 집에서 키우던 닭을 잡아 푸짐하게 차린 상에서 배불리 먹었던 기억, 대나무 낚싯대로 망둥이를 낚으며 시간 가는 줄 몰랐던 기억 등등 즐거웠던 여러 기억들…필자에게 석모도는 유년시절의 아름다운 추억으로 남아 있다.

물론 석모도는 추억 속에만 존재하는 섬은 아니다. 2017년 6월 강화도와 석모도를 잇는 석모대교가 개통하고 난 뒤에는 석모도를 찾는 사람의 수가 급증하였다. 석모도의 미네랄 온천은 대기표를 받고 기다려야 할 정도로 이용객의 증가했다. 석모대교로 자동차를 타고 다니면서 이제 더 이상 갈매기에게 과자를 던져주는 추억을 만들 수는 없게 되었다. 그러나 최근 석모도가 분명 수도권의 인기 있는 관광지로 성장한 것만은 틀림없는 사실이다.

그런데 이렇게 많은 사람들이 석모도를 찾고 있지만 과연 우리는 석모도에 대해 얼마나 알고 있을까? 석모도의 아름다운 풍광과 여러 먹거리, 즐길 거리도 중요하지만, 석모도가 가진 역사와 문화에 대해 이해를 넓힌다면 더 의미 있게 석모도를 즐길 수 있지 않을까?

인천문화재단 인천역사문화센터에서는 강화와 옹진의 여러 섬들을 주제로 한 도서 발간을 진행하고 있다. 그 두 번째 대상이 되는 곳으로 석모도를 택했다. 많은 사람의 추억의 장소이자 수도권의 관광 명소가 된 석모도이지만, 그곳의 역사와 문화에 대한 이해를 돕는 자료는 찾기 어렵다. 물론 석모도에 대한 역사적 기록이나 자료 자체가 그다지 많은 편은 아니다. 그럼에도 불구하고 최대한 석모도가 가진 역사와 문화적 배경을 찾고자 노력했다. 그 과정에서 우리가 주목한 것은 우선 간척과 목장이었다.

석모도의 역사에서 이야기할 수 있는 가장 중요한 요소는 간척이다.

석모도는 여러 개의 섬이 하나가 된 간척의 섬이다. 강화 본섬이나 교동도와 마찬가지로 간척을 **빼놓고** 석모도를 이야기할 수는 없다.

또 다른 하나의 중요한 요소는 목장을 들 수 있다. 조선시대 매음도(현재 해명산 자락)에 위치했던 목장은 명마의 생산지였다. 하지만 석모도를 이야기하면서 목장을 떠올리는 사람은 많지 않다. 그만큼 사람들 사이에 잊힌 역사가 되어버린 것이다.

이 책에서 간척과 목장만을 이야기한 것은 아니다. 교회에 대한 이야기, 보문사에 얽힌 이야기도 있다. 모두 석모도의 역사 속에서 지나칠 수 없는 주제이다.

자료가 부족하기는 했지만 석모도가 가진 역사적 모습을 찾아가며 많은 생각이 들었다. 석모도의 들판, 섬, 바다 그 모든 곳에 사람들의 삶의 흔적 그리고 역사의 향취가 남아 있었다. 부족하겠지만 이 책을 통해 독자들이 잘 알려지지 않았던 석모도의 역사와 문화에 한 발짝 더 다가갈 수 있기를 기대해본다.

필자를 대표하여 안홍민 씀

차례

바다와 육지를 이어주는 석모도는 강화도, 교동도와 함께 서해에 둘러싸인 섬이며,
경기만에서 가장 중심이 되는 지형학적 특징을 가지고 있다.
경기만은 해안에서 가장 조수의 차이가 큰 곳이다.
서해로 유입하는 대하천인 한강이 흘러 들어가고 있어서
하천이 운반하는 많은 양의 퇴적물과 바다의 큰 조차가 결합하여
넓은 간석지가 형성되어 있다.
특히 강화 지역은 한강과 임진강이 합류하는 조강(祖江)의 남쪽에 위치하며,
조강의 한 줄기는 염하(鹽河)로 흐르고, 또 한 줄기는 서쪽으로 흐르다가 예성강과 만나
교동도 서쪽을 지나 경기만으로 들어간다.

1장

석모도의
아주 오래된
歷史 아닌
역사(役事)의 흔적

홍영의
(국민대 한국역사학과 교수)

1. 강화도를 알면 석모도가 보인다

강화도와 함께한 석모도

　　바다와 육지를 이어주는 석모도는 강화도, 교동도와 함께 서해에 둘러싸인 섬이며, 경기만에서 가장 중심이 되는 지형학적 특징을 가지고 있다. 경기만은 해안에서 가장 조수의 차이가 큰 곳이다. 서해로 유입하는 대하천인 한강이 흘러 들어가고 있어서 하천이 운반하는 많은 양의 퇴적물과 바다의 큰 조차가 결합하여 넓은 간석지가 형성되어 있다.

　특히 강화 지역은 한강과 임진강이 합류하는 조강(祖江)의 남쪽에 위치하며, 조강의 한 줄기는 염하(鹽河)로 흐르고, 또 한 줄기는 서쪽으로 흐르다가 예성강과 만나 교동도 서쪽을 지나 경기만으로 들어간다. 교동의 남쪽과 강화도의 서북쪽 수로 사이에 석모도가 자리하고 있다. 때문에 경기만의 중심지에 위치한 강화 지역은 해수와 담수의 교차, 얕은 수심, 조수간만의 차가 심해 간석지(干潟地)가 발달하고 풍부한 어패류가 자랄 수 있는 천혜의 조건을 지닌 지역이다.

　또 강화도를 비롯한 많은 섬들이 위치한 경기만은 황해도와 충청도 사이에 있는 한반도 최대의 만으로, 일본열도를 출발하여 압록강 하구와 요동반도를 경유하여 산동까지 이어지는 남북 연해항로의 중간 기점인 동시에 한반도와 산동반도를 잇는 동서 횡단항로와 마주치는 해양교통의 결절점이다. 또한 강화도를 거쳐 해주 지역이나 옹진 지역으로 북상하고, 남으로는 남양만과 아산만을 지나 충청도 지역으로 내려가는 서해 연안항로의 중간 경유지이기도 하였다.

원래 석모도를 포함한 강화 지역은 삼국시대 초기에 백제의 판도 안에 포함되었다. 백제 때 갑비고차(甲比古次)로 불리었다. 이후 고구려의 남하 과정에서 고구려의 판도에 편입되었고, 고구려는 이곳에 혈구군(穴口郡)을 설치했다. 그 산하에 수지현(首知縣)·동음내현(冬音奈縣)·고목근현(高木根縣) 등 몇 개의 현(縣)을 두었다.

혈구진은 예성강과 임진강·한강의 하구에 해당되는 요충지였다. 따라서 혈구진의 설치는 대당(對唐) 항로의 안전을 확보하고 국내의 주요 통상로를 장악하려던 과정에서 이루어진 거점 확보를 위한 노력이었다. 때문에 한강유역의 진출과 이 지역의 장악을 목표로 한 삼국 간의 경쟁이 꾸준히 이어졌다.

삼국통일 이후 신라는 757년(경덕왕 16) 이곳에 해구군(海口郡)을 설치했다. 그리고 강화 본섬의 동내음현을 강음현(江陰縣)으로, 수지현(首知縣)을 수진현(守鎭縣)으로, 교동도인 고목근현(高木根縣)을 교동현(橋同縣)으로 재편 개칭했다. 신라는 대외적 방어를 강화하고 지방세력의 대두를 저지하기 위해 패강진(浿江鎭)을 비롯한 군진(軍鎭)들을 설정해 갔다. 이 과정에서 844년(문성왕 6) 신라는 강화가 가지고 있던 지정학적 중요성을 감안하여 이곳에 혈구진(穴口鎭)을 설치했다.

　신라의 북변 지역 방어를 염두에 둘 때, 혈구진은 패강진의 남쪽에 위치하므로 패강진의 방어 기능을 배후에서 보조하는 기능을 가진다. 또 강화의 위치상 혈구진은 예성강·임진강·한강 유역으로 진입하는 입구에 해당하므로, 이들 유역을 하구에서 보호하는 기능도 했을 것이다.

　『고려사』에 의하면, 당 숙종(선종)이 황제가 되기 전에 송악(개성)에 와서 여자를 취해 왕건의 조부 작제건(作帝建)을 낳았고, 작제건은 자기 부친을 찾기 위해 상선을 타고 당으로 가다가 도중에 서해 용왕의 딸을 취하고 돌아왔으며, 이에 배주(白州)의 정조(正朝: 향직 7품) 유상희(劉相曦) 등이 개주(開州, 개성)·정주(貞州, 예성강 입구)·염주(鹽州, 延安)·배주 등 4개 고을과 강화 일대의 사람들을 동원해 개성 주변에 영안성(永安城)을 쌓고 궁궐을 지어 주었다고 한다.

　왕건의 선대는 이 시기를 전후하여 예성강을 중심으로 개성·연안·배천·평산·강화와 임진강·한강 중하류를 거점으로 하는 해상 세력으로 등장하고, 중국으로 그 활동 범위를 넓혀 나가는 모습을 보여준다. 왕건의 선조들은 예성강 하구 지역에서 독자적인 지방 세력으로 등장한 것이다.

　그러나 왕건이 후삼국을 통일한 이후 중시되었던 경기만 중심의 '통일의 원천인 바다'는 점차 쇠퇴해갔다. 강화의 군사적 요충지로서의 중요성도 줄어들었다. 그리고 물류 이동의 무역항로에서도 집

산지가 되지 못하고, 예성강의 벽란도로 들어가는 통과지로서의 의미만 남게 되었다. 강화의 읍격이 강등된 데에는 이러한 이유도 작용했을 것이다.

다시 강화도가 주목된 것은 1231년 몽골의 침입 때문이었다. 최우정권은 이듬해 몽골 침입을 피해 수도를 옮기면서 40여 년간 강도(江都)라 불리었다. 개경 환도 이후 충렬왕(忠烈王) 때에 인주(仁州)에 잠시 편입되었으나, 우왕 3년(1377)에 강화부로 승격시켰다가 태종 13년(1413)에 도호부로 고쳤다.

강화도 일대는 다른 지역보다도 왜구의 침입이 많았던 곳이다. 공민왕·우왕 때에는 서른세 번의 침입이 있었다. 이렇게 집중 침략의 대상이 된 것은 조운선이 개경으로 가는 길목인 동시에 농업생산량이 많아 보다 많은 약탈이 가능하였기 때문이다. 왜구의 침입은 공민왕 때보다 우왕 때에 훨씬 많아지지만 강화 지역으로의 침입 횟수는 상대적으로 줄어들었다. 그것은 1376년 윤9월부터 조세운반을 육운(陸運)으로 전환하였고, 1380년경부터 정예 수군을 이 지역에 배치하여 해상 방어력을 높였기 때문이다. 교동의 경우, 우왕 때는 한 차례의 왜구 침입 기록만 보이는데, 이는 교동 주민을 육지로 옮긴 사실과 관련이 있다.

조선 건국 직후인 1394년(태조 3) 각도의 명칭을 조정·변경했다. 이에 강화는 교동(喬桐), 통진(通津)과 함께 경기우도(京畿右道)에 속하게 되었다. 이때 강화는 국방상의 관심이 고조됨에 따라 그 방어기지로서의 중요성이 강조되었다. 강화의 지방관에는 종3품 무신이 파견되는 도호부(都護府)로 편제되었다. 또 강화도호부사(江華都護府使)는 수군절제사(水軍節制使)를 겸하게 되었다. 그 후 1413년(태종 13) 전국의 행정구역을 개편할 때 강화는 인천부(仁川府)에 잠시 소속되었으나 국왕의 지시에 의해 다시 도호부로 복구되었다. 세조 초에 진관체제(鎭管體制)가 정비되어 감에 따라 강화는 경기에 설치되었던 5개의 거진(巨鎭) 가운데 하나가 되었다. 이는 강화가 수도

▲ 19세기 중엽. 동여도 석모도 부분(규장각 10340-v.1-23). 송가도, 구 매음도 석모로도, 어리정도로 구분되어 있다. 노란 선으로 송가도는 교동 소속으로, 구 매음도와 석모로도, 어리정도는 강화 소속으로 되어 있다. 송가도와 석모로도가 연륙(連陸)되어 있다고 표기되었다. 이 지도에서는 '매음도'란 섬 이름은 쓰이지 않고 '구전매음도(舊傳煤音島)'로만 표기하였다.

방어에 있어서 그만큼 중요시되었던 결과였다. 그렇지만 조선전기의 강화는 행정적 군사적 측면에서 독자적 행정이나 군령체제를 지니지는 못했다.

강화는 임진왜란과 병자호란을 겪으면서 왕실의 피난지인 보장처(保障處)로 다시 주목받게 된다. 1626년(인조 4) 강화를 유수부로 승격시키고, 이듬해 정묘호란이 발생하자, 인조는 잠시 이곳에 100일 동안 피난하기도 했다. 후금과의 강화도 조약을 이곳에서 맺는다.

그러나 병자호란(1636)을 당해 강화는 완전 함락되는 오욕의 역사를 겪는다. 1629년 교동현을 도호부로 승격시켰으며, 경기 남양에 있던 수영(水營)을 강화 월곶진으로 옮겨 설치했다. 남양에 수영을 설치했던 까닭은 왜구의 침입에 대비하기 위해서였지만, 월곶진의 수영은 청의 위협에 대한 대비와 도성 주변의 수비체제를 강화하기 위한 전략이었다. 강화가 전략적 요충지로서 보장처로 지정된 이후 이곳에는 행궁(行宮)을 비롯한 각종 관아 시설이 세워졌다.

효종은 나라를 잃고 청나라에 볼모로 잡혀갔던 한을 씻고자 북벌 계획을 추진하면서 이곳에 진(鎭)과 보(堡)를 설치했다. 군사력 강화는 이후 숙종 때까지 추진되어 12진·보와 53돈대, 9포대가 축조·설치 되었다.

정조대에 개성과 강화 외에도 수원과 광주에 유수부를 설치하는 4도 유수체제가 되면서 강화유수는 강화유수부를 책임지면서 진무영(鎭撫營)과 통어영(統禦營)을 겸하는 지위가 되었다. 이때에 이르러 강화유수는 군령권을 장악하여 수륙 통합작전의 효율적 운용이 가능하게 되었고, 지방의 행정관이 아니라 정치적으로도 중요한 위상을 지닌 관직이 되었다. 강화유수는 대부분 정계의 유력인사들이었고, 비변사의 예겸당상(例兼堂上)을 거쳐 재상이 반열에 오르는 경우가 많았다. 조선에서도 전시의 예비 수도로서 강화를 주목한 것이다.

때문에 근대에 들어서도 프랑스인들의 병인양요(1866), 미국인들의 신미양요(1871), 일본인들의 운요호 사건(1874) 등 제국주의 국가들이 무력을 동원하면서 강화도를 공격하였다. 이들은 특히 강화도 일대의 무덤들을 파헤쳐 고려청자를 비롯해 귀중한 부장품들을 속속 도굴해갔으며, 민가를 약탈하고 귀중한 도서들을 빼내갔다.

이런 강화도의 지정학적 중요성 때문에 매음도(煤音島)도 주목되었다. 강화의 서남쪽에 위치해 있어 강화를 가려 주고 교동도(喬桐島)와 마주 대하고 있어서 강도(江都)를 호위하는 방편으로 중요하므로, 백성을 모아 조그만 진영을 헤아려 설치하고 수비병(守備兵)을 넉넉히 두어서 급한 때에 임하여 나누어 지키게 하자는 건의도 있었다.[01]

역사의 석모도로 가는 길

석모도는 석모대교가 개통되기 전에는 외포리 선착장에서 카페리에 몸을 싣고 석포리 선착장까지 1.2km의 바닷길을 건너야 했다. 10여 분의 뱃길에서 새우깡을 들고 갈매기 떼에게 먹이를 주던 풍경은 추억 속으로 사라졌다. 차와 사람으로 붐비던 석포리 선착장에 남은 건 바람뿐이다. 사람들의 왕래가 줄어들면서 젓갈 가게와 식당들은 쓸쓸한 분위기다.

선착장에서 제방길로 들어서면 왼쪽으로 드넓은 갯벌이, 오른쪽으로 해명산과 너른 들판이 펼쳐진다. 원래 이곳은 갯벌이었다. 고려 때부터 근래까지 간척사업을 벌여 농토를 이루게 됐다. 붉은 해변에는 칠면초와 나문재가 붉은색을 띠며 군락을 이뤄 바닷가를 따라 끝없이 펼쳐진다.

한해살이풀인 칠면초는 연둣빛, 회색, 녹색 등 일곱 번 빛깔을 달리한다. 가을이면 붉은색으로 변한다. 칠면초는 겨울이 되면 하얗게 말라 죽는다. 가을이 되면 산과 들뿐만 아니라 바다도 붉은빛으로 곱게 물든다는 사실을 새삼 깨닫게 된다. 나문재는 질긴 생명력의 염생식물로 염분의 농도가 높은 땅에 서식한다. 건조한 곳을 좋아해 만조가 되어도 바닷물에 잠기지 않는 곳에서 자라며 간척지에서 가장 먼저 자라는 식물이다. 칠면초처럼 가을이 되면 붉게 물든다. 어린 순은 삶은 뒤 무쳐서 나물로 먹는다. 석모도의 여간한 식당에는 나문재나물이 반찬으로 나온다.

갯벌과 염생식물을 바라보며 둑길을 걸으면 광장처럼 너른 주차장이 있는 보문선착장을 지난다. 제방길을 걷다보면 '삼량(三良) 염전 역사와 유래' 안내판과 마주친다. 1957년 매음리 연안 일대를 매립해 240ha의 염전과 농장을 개척했다. 이곳에서 생산된 천일염은 물에 잘 녹고 짠맛도 강하지 않아 최상급 소금으로 평가받았다고 한다. 생산 원가에 비해 소금 값이 제자리걸음을 한 탓에 2006년 생산을 중단하고, 지금은 골프장이 들어서 있다.

어류정항은 숭어 낚시꾼들이 많이 찾는 작은 항구다. 어류정항을 둘러본 뒤 마을 한가운데 있는 바람길로 발길을 옮기면 민머루 해변까지 이어지는 산길이다. 산길 임도를 내려서면 석모도의 유일한 해수욕장인 민머루 해변이다. 민머루는 삼량염전에서 해수욕장으

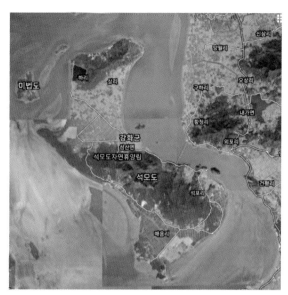

▲ 현 석모도의 위성사진. 석모도를 중심으로 송가도인 상리와 하리, 매음도 였던 매음리, 어유정도가 하나의 섬으로 간척된 모습을 보여준다.

로 가는 고갯길에 민 씨라는 사람이 살았다고 해서 붙여진 이름으로 '머루'는 마루(고개)가 변한 것이다.

민머루 해변은 노을이 아름답다고 소문난 곳이라 많은 관광객들이 찾는다. 석모도 남쪽에 있는 민머루 해수욕장의 일몰은 서해의 3대 일몰 조망지로 손꼽힐 정도로 유명하다. 해수욕장 인근에 어류정항과 장구너머포구가 있어 어촌의 모습을 볼 수 있다.

강화에서 바다를 향하여 있는 지역 중 만(灣)이 가장 발달한 곳은 바로 현재 보문사가 있는 석모도와 강화 본섬이 만나는 지역이다. 서쪽에서 강화로 상륙하는 적을 방어하는 1차적인 자연 지형이 형성되어 있는 셈이다.

특히 황해도의 내부지역, 즉 예성강 하구지역으로 접근하거나 한 강수로로 진입하려는 경우에는 석모도와 교동도 두 섬을 경유하지 않고서는 불가능하다. 그 외곽에 서검도가 있는 것은 석모도의 전략적인 가치를 보여 준다. 석모도 건너편인 외포리, 즉 정포진은 조수에 관계없이 서해 낙도까지 항로를 가지는 해상교통의 중심지였다. 그래서 노고산돈대·망월산돈대·망양진돈대 등이 있었으며, 현재도 군부대들이 있는 장소가 많다. 이 돈대들은 숙종 연간에 축조되었으나 그 이전부터 방어 체제가 존재했을 가능성이 있다. 특히 석모도의 남쪽은 외포리의 노고산 등대가 있는 지역과 마주보고 있다. 이곳은 현재 넓은 들이 형성되어 있다.

민머루 모래 해변을 가로질러 오르막 산길을 100m 오르면 '바다의 마음 횟집'이 있는 언덕의 도로다. 도로를 따라 산굽이를 돌면 산등성이가 장구처럼 생겼다고 해서 붙여진 장구 너머 포구가 나타난다. 장구너머 포구 입구의 양주농협 강화교육원을 끼고 산길로 들어서 조금 가다 보면 노루목 펜션이 나오고, 이어 어류정수문 입구에 닿는다. 제방길을 따라가면 오른편으로는 낚시터와 새우양식장이 보이고, 멀리 보문사의 눈썹바위가 보인다. 제방길을 내려서서 보문사 쪽으로 600m 걸으면 석모도 바람길 종점인 보문사 주차장이다. 이 길이 '강화 나들길' 11코스인 '석모도 바람길'이다.

지금의 석모도로 간척되어 사라진 송가도(松家島)에 대한 기록은

『고려사』가 처음이다. 양광도(楊廣道) 교동현 소속으로 지리지에 보인다. 또 김개물(金開物, 1273~1327)이 이곳에 유배된 기록도 보이고 있다. 이때의 섬 이름은 '송가도(松加島)'로 되어 있다. 김개물은 과거에 여러 차례 낙방하였으나 춘궁시독(春宮侍讀)으로 충선왕을 호종하였던 아버지 김훤(金晅)의 덕으로 충선왕대에 감찰사(監察史)로 발탁되어 관직에 진출하였다. 전부시승(典符寺丞)으로 있을 때, 내부령 강융(姜融)의 청탁을 거절하였다가 그의 참소로 국문을 당하고 유배되었는데, 이때 송가도에 유배되었다. 곧 합주(陜州)의 수령으로 임명하였으나 거절하는 바람에 또 자연도(紫燕島)로 유배되었다. 유배에서 풀려난 뒤 15년 동안 벼슬에 뜻을 두지 않고 유유자적하면서 한가하게 살았다고 한다.[02]

송가도와 매음도가 간척되어 하나의 섬이 된 때는 조선 숙종 때의 일이다. 현종 때 매음(煤音)·자연(紫燕) 두 섬의 목장(牧場)을 폐지하고 백성들로 하여금 경작하도록[03] 하였지만, 왕실의 말과 소를 관리하는 사복시(司僕寺)가 매음도 목장과 경계를 잇대고 있는 송가도 백성들의 전답을 목장으로 편입시켜 전답을 빼앗거나,[04] 내관(內官)들이 송가도의 둑을 쌓다가 만 것을 10년이 지난 뒤 백성들이 농사를 짓자, 내관들이 매질을 하며 세를 거두려 하였고,[05] 제방을 쌓은 1천여 명의 백성은 한 치의 땅도 얻지 못하였고, 섬 밖의 세력을 의지한 무리가 스스로 세금(稅金)을 징수(徵收)하고 있다고[06] 보고된 것에서 알 수 있듯이, 이미 1704년(숙종 30)을 전후로 한 시기에 2개의 섬이 하나로 연결되었을 것이다. 어유정도와 매음도(석모로도)를 잇는 간척사업은 1950년대 후반의 일이기 때문이다.

한편, 송가도와 매음도가 간척된 이후로 사복시의 아전인 탁주한(卓柱漢)은 강화(江華) 미법도(彌法島)의 둘레 8리 남짓을 폐현(廢縣)으로 꾸미어 놓고 도둑질해 먹었고, 매음도(煤音島) 60리를 25리로 기록하고는 그 나머지 35리의 조세를 빼돌리는[07] 사례처럼 중앙의 권세가들이 세수를 탐하는 일도 많았다.

자연재해와 관련된 사고도 눈에 띈다. 태풍으로 인해서 1790년(정조 14) 해일로 인해 송가도의 곡식이 완전히 물에 잠기고, 민가 61호가 침몰되어 어린아이 5명이 익사되기도 하였고,[08] 1835년(헌종 1)에는 태풍으로 송가도의 민가 3백 호(戶)가 침몰되고 빠져 죽은 사람이 70여 명이나 될 정도였다.[09]

1765년(영조 41)에 편찬을 마친 『여지도서』에 보이는 편호(編戶)와 남녀 인구는 석모로도에 편호 41호, 남 96, 여 72명, 매음도에 35호, 남 74, 여 51명으로 나타난다. 이외에 서검도에는 49호, 남 92, 여 69명, 동검도에는 62호, 남 122명, 여 120명이었다.

근대 이후 대한제국의 최후의 저항에도 석모도가 함께 했다. 러일전쟁 직후 일제의 강요와 위협 아래 1905년 11월 체결된 「을사늑약(乙巳勒約)」은 일제가 그간 은폐해 왔던 한국 식민지화 야욕을 노골적으로 드러내었다. 이렇게 되자 우리 민족은 본격적인 반일 국권회복운동을 전개하였다. 특히 의병운동은 1907년 7월 「정미7조약(丁

未7條約)」에 따른 군대해산으로 해산군인들이 대거 의병대열에 참여함으로써 전국적인 국민전쟁으로 확대되고 있었다.

강화에서도 일제의 침략에 저항하는 의병투쟁이 전개되기 시작했다. 이 저항의 중심에는 1905년 3월 진위대장(鎭衛隊長)을 사임한 이동휘(李東輝)가 있었다. 이동휘는 1907년 7월 24일 연무당(鍊武堂)에서 반일집회를 주도했다. 또 강화 읍내 출신으로 제주도에서 제대한 후 강화에 돌아와 있다가 합류한 지홍일(池洪一)은 대한제국 육군대장이었던 이능권(李能權) 휘하 김덕순(金德順), 고부성(高夫成) 등과 4월 말에 의병 4~50명을 인솔 황해도 배천군(白川郡) 불암리(佛岩里)와 강화 및 인천 북도면 등 여러 섬 지역을 근거지로 해서 의병 투쟁 군자금 모금과 왜인 징벌에 나서는 등 의병으로서 큰 활약을 보인다.

특히 1908년 6월경 지홍일은 김덕순, 김용기, 박계석 등 수십 명과 1908년 6월경 총기를 휴대하고 교동군 송가도(松家島)에서 1백 원, 강화도 석모도(席毛島)에서 1백 원, 산이포에서 1천 원, 풍덕군 영정동(領井洞)에서 1천5백 원, 개성군 금릉포(金陵浦)에서 1천1백5십 원, 강화도 내 말도(末島), 망도(望島)에서 40원 등 군자금을 모집하였고, 동년 7월 24일, 25일경 강화도 말도 해안에서 정박한 기선을 습격하여 선원에게서 2백 원 및 잡품 수점을 강탈하였으며, 동년 7월경 강화도 석포에서 이들의 활동을 밀고한 일본군 경위 밀정인 양학진(梁學辰)과 송대현(宋大鉉)을 처형하고, 동년 7월 인천 서쪽 해상에서 일본 어선을 습격하여 일본인 선원 1명을 살해하였다(경성공

소원 : 1909.3.23.). 특히 9월부터는 의병대장 김봉기(金鳳基) 휘하의 돌격진 부장(副長)이 되어 투쟁한 다수의 전과가 일경의 조사 기록에도 나온다.

지홍일의 의병 투쟁은 김봉기 대장이 서울에서 체포되면서 그가 소지했던 군자금을 찾기 위해 1909년 2월에 서울로 가던 도중 개성의 한 여각에서 피체(被逮)되어 인천경찰서에 압송되었다.[10] 지홍일은 1991년 애국장에 추서되었다.

또한 1936년 1월에는 떠내려오는 얼음으로 인해 어유정도와 석모도 중간에서 전매국 인천출장소 소속의 연초배급선인 장수환(長壽丸)과 선원 6명이 좌초되기도 했다. 다행히 인명피해는 없었지만 비행기를 동원하여 수색과 구조활동을 벌인 모습도 보인다.[11]

2. 고지도로 보는 석모로도, 석모도

섬 3개가 모여 석모로도, 석모도가 되다.

강화는 육지와 같은 섬이다. 한강과 예성강이 바다와 만
나는 거대한 만의 한가운데를 막고 있으며, 북부의 동쪽에는 김포반
도와의 사이에 강화수로(염하)라는 매우 좁고 조수의 흐름이 불규칙
한 협수로가 있어 육지나 다름없는 강화를 섬으로 만들어 놓고 있
다. 그러면서 경기도의 서쪽지역과 개성 남쪽의 풍덕과 옹진 · 해주
등 황해도의 남부해안 일대와 마주치는 북부 경기만의 입구를 꽉 채
우고 있다. 한강은 한반도 중부 이남에서 가장 길고, 물이 풍부하며,
가장 넓은 하계망과 평야를 갖고 있다. 한강은 김포반도가 거의 끝
나갈 지점에서 파주군 교하면을 거쳐 내려온 임진강의 하구와 만나
고 다시 강화 북단에서 예성강의 하구와 만난다.

강화는 동으로 김포반도의 문수산성 등이 있는 통진 지역과 아래
의 대곶 지역과 인천광역시에 편입된 검단, 남으로는 영종도를 비롯
한 도서지역, 서쪽으로는 교동도와 섬들이 바다 쪽으로 이어지면서
연평군도와 백령도까지 이어지고 있다. 북쪽은 예성강구와 만나는
넓은 만 건너편에 연안군 · 배천군의 여러 지역과 만나고 있다.

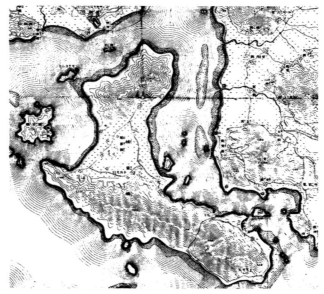

▲ 1899년 강화지형도.
조선총독부 육지측량부에서 축척 1:50,000로 1912년부터 1918년 사이에 인쇄·
발행하여 제작한 한반도 전 지역에 해당되는 총 81개의 지형도이다. 매음도가 본섬
으로 기재되어 있다. 송가평이 송가동(松家垌)으로 표기되어 있다.

　이러한 유리한 조건 때문에 강화에는 일찍부터 인간이 살고 있었
다. 그런데 강화의 지형조건은 다른 곳에 비하여 특이한 점이 많다.
일반적으로 서해안은 20~30㎝의 퇴적층이 형성되어 있다. 특히 강
화는 갯벌이 발달되어 있다. 갯벌이 많다는 것은 선박의 진입과 접
안이 어려움을 뜻한다. 때문에 적의 침입을 방어하는 데 매우 유리
하다. 강화가 국방상의 요충지였음은 수도의 입구인 '인후지처(咽喉
之處)'이며, 한강과 바다가 만나는 해구(海口)라는 지리전략적인 점도
있었지만, 방어상의 장점이 있었기 때문이다.

이러한 갯벌을 고려 때부터 개간하여 농토로 만들었다. 현재의 기록으로 보아 강화의 간척사업은 고려 고종 때부터 시작되어 조선시대까지 꾸준히 이루어졌다. 일제강점기에는 간척사업이 조직적으로 이루어져 강화의 지형이 많이 변화되었다. 다만 당시에는 지금보다 굴곡이 훨씬 심한 해안선을 가졌으며, 현재 해안평야는 대부분 갯벌로 이루어져 있을 것으로 추정된다. 그리고 화도면 일대는 별개의 섬으로 분리되어 있었으며, 그 사이에는 갯벌과 수로, 선두포 · 덕포 등의 포구가 있었다. 현재의 교동도는 화개산 · 율두산 · 수정산을 근간으로 하는 3~4개의 작은 섬으로 나뉘어져 있었으며, 석모도는 송가도 · 매음도(석모로도) · 어유정도로 분리되어 있었다. 기타 해안선과 가까운 곳에는 고려 때부터 수많은 방조제가 만들어졌다. 또한 혈구산에서 발원하는 선행천(仙杏川)에도 해수가 상통하여 선박이 왕래했다고 한다. 현대와는 달리 시간을 거슬러 올라갈수록 강화의 상당부분은 바다였을 것으로 추측된다.

강화 지역은 한강 · 임진강 · 예성강 등 큰 하천의 하구부에 위치하므로 이들 하천이 운반해 오는 막대한 양의 토사가 강화수역에 퇴적되어 섬 주위에 넓은 갯벌을 발달시켰다. 갯벌은 고려후기까지 미간지로 존재하다가 강화천도를 계기로 간척되기 시작하였으며 조선시대를 거쳐 오늘날까지 개발된 간척지 면적은 강화 총 면적의 1/3에 가까운 130㎢에 달한다.

강화도는 열악한 환경을 극복하고 자신들의 고장을 낙토로 개조

한 주민들의 개척정신을 토대로 이른바 간척지 문화가 발달하였으며, 문화전통은 외침을 물리친 용맹성과 더불어 강화 지역 주민성 형성에 많은 영향을 주었다. 간척사업에 의하여 강화의 지형, 특히 해안지형과 토지경관은 크게 변하였다. 복잡했던 해안선은 방조제 건설로 단조로워졌고 섬들은 연육과정을 거치면서 강화·교동·석모도 등 세 개의 큰 섬으로 통합되었다. 이와 같은 자연환경의 변화로 조류의 변화가 일어났으며, 그 결과 예측하지 못했던 갯벌의 침식, 지반 침하 등의 재해가 뒤를 따랐다.

강화는 바다를 향한 내륙의 출구였고, 해상로를 통해 중앙과 지방을 연결시켜주는 통로의 기점이었다. 따라서 강화는 고려시대와 조선시대에 걸쳐서 찬란한 문화를 일구어 왔고, 강화의 문화는 전체 문화의 발전에도 일정한 영향을 주었다. 강화는 경기만 중 가장 큰 만으로 핵심지역이라고 할 수 있다. 따라서 해양 지리적으로 볼 때 매우 중요한 의미가 있다.

이렇게 강화도의 이웃 섬인 석모도는 원래 송가도(松家島)·매음도(煤音島)·어유정도(魚遊井島) 등 3개의 섬이었다. 조선 숙종 때에 간척사업으로 매음도가, 1950년대 중반 어유정도와 함께 하나의 섬이 되었다. 18~19세기에 3개 섬 사이에 제방이 놓이고, 둑을 쌓아 섬 사이의 갯벌을 메우는 간척사업으로 평야가 생겼다. 이 평야는 송가도의 이름을 따 '송가평(松家坪)'이라 불리는데, 그 넓이는 약 660만m^2에 달한다. 그리고 이 무렵부터 '석모로도(席毛老島)'로 불리기 시작했다. 그리고 지금의 석모도에는 해명산·상봉산·상주산 등 3개의 산이 있어 '삼산면(三山面)'이란 지명이 생겼다.

한편, '석모로'라는 지명은 '물이 돌아 흐르는 모퉁이' 혹은 '돌이 많은 해안 모퉁이'라는 뜻을 가진다. '돌모로[石隅島]'를 한자화하면서 석모로(石毛老)라는 지명이 나왔다고 전한다. 『교동군읍지』에도 석우도로 표기되어 있다.

송가도(松家島)는 석모도 북쪽에 있었던 섬으로, 현재의 강화군 삼산면 상리, 하리 지역이다. 조선시대 국가에서 행하는 악(岳)·독(瀆)·산(山)·천(川)의 제품(祭品)의 예(例)에 따라 사전(祀典)에 등록된 국고의 미곡으로 치제하는 곳의 하나였다.[12] 송가도는 토지가 매우 비옥한 것으로 알려져 있다.[13]

『세종실록』지리지에는 "송가도(松家島)는 현(縣) 남쪽 수로(水路) 5리에 있다.【동서가 2리요, 남북이 1리 반이며, 간전(墾田) 4결이 있다. 목자(牧子) 2호가 살며, 조수가 물러가면 글음섬[煤島]의 목마(牧馬)가 스스로 왕래한다】"[14]라고 하여 교동의 남쪽에 위치한 섬으로 매도(煤島)와는 조수가 빠지면 말들이 왕래할 정도인 것을 보면, 매도는 구음섬(仇音島)으로 현 석모도의 본섬인 석모로도(席母老島)로 보인다.

1899년(광무 3)에 편찬된 『교동군읍지』(규 10731)에 「송가도지도(松家島地圖)」가 유일하게 남아 있다. 남북으로 강화부와 교동군의 경계를 표시하였다. 부의 북쪽을 기준으로 교동 서쪽의 송가도와

▲ 『교동군읍지』에 있는 송가도 지도. 현 위치대로 북쪽과 남쪽을 바꾸어 보았다.

남쪽에 강화도 소속의 매음도가 기재되어 있고, 송가도에는 상주산(上主山)만 표현되어 있다.

1932년에 박헌용(朴憲用) 등이 이전의 강도지(江都誌)를 참고로 수정, 증보하여 간행한 『속수증보 강도지』에 따르면, 상주언(上柱堰)에 대해 설명하고 있는데, "북쪽으로 상주산 동쪽에서 남쪽으로 석모리까지 위치해 있다.

연장이 약 1리고 서쪽에 검어지언(黔於地堰 : 탄포나루 북쪽에서부터 항포 적암까지의 제언)이 있다. 탄포진(炭浦津) 북쪽 방향에서 남쪽으로 항포(項浦) 적암(赤巖)까지 연장이 또 1리가 좀 넘는다. 옛날에 송가도 상주산이 북쪽으로 교동과 육지로 이어지고 바다로 산의 남쪽과 통해서 조운선이 매음도를 통해서 곶의 위쪽으로 오기 어려웠다. 중세에 바다가 산의 북쪽과 통하고 산의 남쪽은 갯벌이 점차 생겨서 매음도와 육지로 연결되었다. 관에서 제언을 쌓아 둔전을 만들고 백성들이 경작하게 하였는데 광포간석(曠浦干潟)이 차차 일어났다"[15]라고 하여, 송가도와 매음도가 어떻게 육지로 이어지게 되었는지를 알려주고 있다.

상주언을 쌓은 사람들이 일반 백성들이었으며, 또 이들이 제언을 쌓은 목적은 농업상의 편리를 위해서였음을 알 수 있다. 제방을 쌓아서 바닷물의 침입을 막고, 또 갑문을 만들어 적절하게 배수를 하지 않으면 농사에 큰 피해를 입었던 것이다.

그리고 매음도(煤音島)와 어류정도(魚遊井島)는 고려 때 보이지 않는 이름이다. 『고려사』에 강화현에는 구음도(仇音島) · 파음도(巴音島) · 금음북도(今音北島) · 매잉도(買仍島)가 소속되어 있는데, 이 중 구음도가 이후에 매음도(煤音島), 매도(煤島) 등으로 불렸을 것으로 추정된다. 『세종실록』 지리지 강화조에는 "부(府) 서쪽 수로(水路) 2리에 글음섬[煤島]이 있고, 【옛날의 구음섬[仇音島]인데, 둘레가 60리이고, 나라의 말 3백 27필을 놓아 먹인다. 목자(牧子) 7호(戶)와 수군(水軍) 16호(戶)를 들여보내어 소금을 구워서 살게 한다. 섬에 광박석(廣博石)이 있는데, 캐서 국용(國用)에 쓰게 한다】…(중략)… 또 동쪽 수로(水路) 16리에 금북섬[今音北島]이 있고, 【길이 10리, 너비 2리이며, 밭 20결이 있는데, 교동 사람 7호가 들어가 산다】[16]라고 하였기 때문이다.

구음도는 충렬왕의 동생인 순안공(順安公) 종(悰)이 1277년(충렬왕 3)에 어머니 경창궁주와 모의하여 왕이 되려고 한다는 무고(誣告)로 이곳에 유배되었다가 1283년 8월에 개경으로 돌아간 곳이다.[17]

이렇게 매음도(煤音島)는 송가도와 어유정도 사이에 있던 섬으로,

매도(煤島), 구음도(仇音島), 구음섬, 그음섬, 글음섬 등으로도 불렸다. 조선 시대에 궁궐에 깔던 박석(薄石)을 채굴하던 곳으로 알려져 있다.

매음도의 사정에 대해 자세히 알 수 있는 것은 숙종 때의 일이다. 즉, 병조 판서(兵曹判書) 김석주(金錫冑)와 부사직(副司直) 이원정(李元禎)이 강도(江都)를 순심(巡審)하고 돌아와서 지도(地圖)와 서계(書啓)를 올려 '매음도은 교동과 몇 리 정도 떨어져 있으므로 강도(江都) 사람과 물을 사이에 두고도 서로 말할 수 있으며, 섬이 또 매우 넓어 소금을 만드는 호구와 고기잡는 사람이 모여 살고 있으니, 비록 목장(牧場)이 있더라도 진(鎭) 하나를 설치하기에 족하다'[18]고 할 정도였다.

한편, 『속수증보 강도지』에 따르면, 어유정도(魚遊井島)는 "매음도 남쪽에 있으며, 본래 바다 가운데 조그마한 섬으로 배가 아니면 왕래하기가 어렵다. 2백여 년 전에 가릉언(嘉陵堰)을 수축한 뒤로 해로가 바뀌게 되어 진두포(鎭頭浦)의 해수가 급전(急轉)하여 섬의 북쪽 일대에 토사가 쌓여 매음도와 연륙된다. 조수가 밀려 올 때면 고도(孤島)가 되고, 썰물 때에는 걸어서 통행할 수 있다. 거리는 해리 14정(町) 쯤 되고 둘레는 2리쯤 된다"고 하였다. 효종 때 쌓은 가릉 제방 때문에 퇴적물이 쌓여 매음도와 연륙되었다는 것이다.

어유정도에는 어류정 요망대(要望臺)가 있었다. 삼산면 매음리 산399번지 해발 52m의 산 정상에 위치하고 있다. 동쪽으로는 강화 본도가, 서쪽으로는 서도 여러 섬들이 잘 조망된다. 동쪽과 서쪽은 급사면을 이루고 있으며, 서쪽으로는 민머루 해수욕장이 있다. 남북은 경사가 완만하다. 깊이 1m, 직경 3m, 둘레 12m의 연조터가 남아 있다. 전체 규모는 직경 11m, 둘레 36m의 원형이다. 사방에는 요망대에 활용했던 석재가 수북이 쌓여 있다. 어류정요망대는 요망장 1명과 요망군 10명을 두어 운영하였으며, 해안의 위급상황을 교동통어영과 강화 본영에 보고하기 위해 설치한 듯하다.

▲ 1917년 발행된 『신구대조 조선전도부군면리동명칭일람(新舊對照朝鮮全道府郡面里洞名稱一覽)』에 보이는 삼산면. 석포도와 매음도, 석모도가 석포리, 매음리, 석모리로 기재되어 있다.

지금 우리가 알고 있는 석모도(席毛島)란 명칭은 1757년(영조 33)~1765년에 편찬된 『여지도서』와 1861년에 편찬된 『대동여지도』에는 '석모로도(席毛老島)'라는 한자로 표기되어 있다. 그리고 석모로도와 교동도 사이에 '금음도(今音島)'라는 큰 섬이 있는 것으로 묘사되어 있다. 1718년(숙종 44) 3월에 매음도(煤音島) 근처의 '석모로염전(席毛老鹽田)'이란 명칭이 처음 보이며,[19] 석모로도의 이름은 1896년 4월 14일에 「강화도 소속 4개 섬의 목장결(牧場結) 관련 보고와 지령」을 끝으로 공식적으로 보이지 않는다.[20] 따라서 조선후기에 간척이 이루어지면서 공식적으로 불린 명칭으로 보인다.

결국, 오늘날 우리가 쓰고 있는 석모도(席毛島)란 이름은 100여 년 전에 붙여진 이름이다. 고문서로는 1905년(광무 9)에 작성된 『선례궁강화석모도추수성책(宣禮宮江華席毛島秋收成冊)』(필사본, 1책: 규장각,

▲『조선지지자료(朝鮮地誌資料)』에 보이는 석모도 지명 (국립중앙도서관 소장). 지명이 한문과 한글로 기재되어 있다.

19587)에서 이름이 처음으로 등장한다. 일제에 의해서 1911년에 편찬한『조선지지자료(朝鮮地誌資料)』(국립중앙도서관, 도서번호 古2703)에도 석모도(席毛島)로 표기되어 있으며, 섬 안에 낙가산(洛伽山)이 있고 동녘들 · 서역들 · 항포들 등의 농경지가 있다고 되어 있다.『조선지지자료』에 수록된 지명들은 을미개혁의 일환으로 1896년 8월 4일 칙령 제36호에 의해 실시된 13도제 실시와 지명 개편 때의 이름을 반영하고 있다는 점에서 '석모로도(席毛老島)'라는 이름이 '석모도(席毛島)'라는 이름으로 변한 시점은 1896년 이후로 보인다.

고지도에 담겨 있는 간척의 흔적

간척이 시작되기 전까지 강화 지역에는 수많은 섬들이 있었으며, 모든 섬들은 해안선의 굴곡이 매우 심하였고, 넓은 간석지가 섬 주위를 둘러싸고 있었다. 그런데 장기간의 간척사업 결과, 이 섬들은 대부분 강화 · 교동도 · 석모도 등 세 개의 큰 섬으로 연육(連陸)되었다.

석모도의 간척사를 상세히 밝힐 수 있는 사료는 많지 않으나, 고문헌과 고지도 상에 오늘날의 석모도가 과거에는 송가도 · 매음도 · 어유정도 등으로 분리되어 있었음을 알 수 있다.

그런데 어유정도를 제외한 섬들은 조선후기에 이르러 간척을 통해 하나의 섬으로 연육된 것이다. 송가도는 본래 교동부에 속했던 섬인데, 고려시대에는 북쪽의 교동도 방향으로는 넓은 갯벌이 발달한 반면 남쪽에는 넓고 깊은 갯골이 있어 조운선이 통행하였다고 한다. 그런데 고려 말부터 송가도 남쪽에 갯벌이 성장하고 고도가 높은 부분에는 염생습지가 형성되었다. 송가도 남쪽의 갯벌 성장과 간척에 관한 기록 중에 가장 오래된 것은 『세종실록』 지리지이다. 그 내용을 보면 "간척한 전

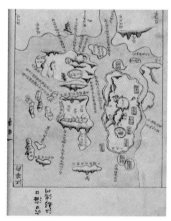

▲ 여지도 강화부도(규장각 古 4709-68-v.1-6). 남북방향을 바꾸어 보았다. 송가도는 교동 소속으로, 매음도는 강화부 소속으로 되어 있으나, 하나의 섬으로 연결하여 표기하였다. 송가평에는 염분과 둔전이 표기되어 있다. 어유정도는 밀물이 되면 바다가 되고, 썰물 때에는 모래섬이 되는 것으로 표기되어 있다.

▲ 19세기. 광여도 강화 석모도 부분(규장각, 도서번호 : 古 4790-58 v.1). 송가도는 교동현에, 매음도는 강화 소속으로 되어 있다. 이 두 섬 사이에는 파란색 물길이 색칠되어 있고, 어리정도는 조수가 밀려오면 바다가 되고, 조수가 빠져나가면 '사초(沙草)'가 된다고 표기되어 있다.

▲ 1872년 지방지도 강화부전도 석모도 부분(규장각, 도서번호 : 4709-196). 송가도와 매음도가 연결되어 있다. 상주산과 송가도평, 석모로도와 매음도가 표기되어 있다.

⑾ 4결이 있는데 목자 2호가 살고 있으며, 썰물 때 매음도 목장이 되어 서로 왕래를 하였다"[21]라 하여 조선전기에 이미 개간 가능한 토지가 존재했음을 암시하고 있다.

이 갯벌은 임진왜란 전부터 교동부 주민 일부가 송가도로 건너와에 의하여 소규모로 간척되기 시작하였으며,[22] 1706년 조정에서 1,000여 명을 동원하여 송가도와 매음도를 잇는 남북방향의 방조제 두 개를 완공함으로써 완전히 간척되었다.[23] 이 간척평야를 '송가평(松家坪)'이라 하는데, 송가도의 상주산 동쪽 산자락 끝에서 석모도 동북쪽의 창말에 이르는 6.5km의 상주언 동쪽 제방과 상주산 서쪽 산자락 끝에 있는 하리·간데개로부터 석모도 서북쪽의 개정리에 이르는 4.5km의 상주언 서쪽 제방 내에 들어오는 송가평 면적은 약 11㎢에 달한다. 그런데 상주언 공사 이전에도 송가도 남쪽 갯벌은 상당한 수준까지 간척이 이루어졌던 것으로 파악된다. 예를 들면 1704년에 백성들이 개간한 언답(堰畓)들이 상주언 축언 후 태복사(太僕司)에 의해 강점되어 민원이 발생하였으며,[24] 공사 후에 실시된 토지분배 과정에서는 개간에 참여하지 않은 자들까지 농토를 분배받음으로써 말썽이 있었다고 한다.[25]

민간인에 의한 송가도의 간척사업은 임진왜란 이전부터 시작되었으나 본격적인 간척활동이 시작된 것은 임진왜란 직후부터이다. 왜란 당시 파주로부터 청주 한씨와 원주 변씨 몇 가구가 난을 피하여 송가도로 들어와 상리에 정착하였는데, 이들 중 10여 명이 원시적인 도구를 사용하여 공동으로 작은 동답을 조성하였다고 한다.[26]

▲ 18세기 중엽. 해동지도 강도 석모로도 부분(규장각, 도서번호 : 古大 4709-41). 송가도와 석모로도, 매음도, 어리정도가 하나의 섬으로 연결되어 있다.

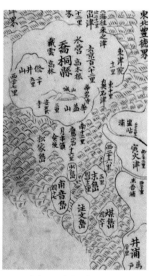

▲ 17세기 초. 지나조선 강도지도(개인소장).송가도와 인근의 사도, 말도, 보음도, 주문도, 매도가 표기되어 있다. 송가도와 매도가 아직 연결되지 않았다.

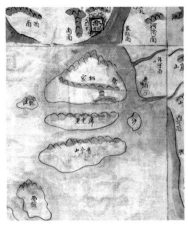

▲ 1834년 청구도 석모도 부분(규장각 古 4709-21-v.1-4). 송가도와 석모로도, 매음도는 음금산(音今山)으로, 어리정도는 '사(沙)'로 표기되어 있다.

▲ 19세기 말 청구요람 석모도 부분(규장각 古 4709-21A-v.1-2). 송가도가 교동 소속으로, 석모로도와 매음도가 연륙된 것으로 표기되어 있다.

　이들에 의해 조성된 최초의 간척지가 천째이고 뒤를 이어 이룩한 간척지는 10결이었다. '천째'란 첫 번째를 의미하는 강화의 방언이다. 이들 최초의 간척지 상에는 평야면보다 약간 높은 취락터가 1980년대 말까지 남아 있었다. 이들은 간척지 안에서 다소 지대가 높고 상주산의 지하수가 솟는 용천(湧泉)을 찾아 일종의 야촌(野村)을 건설하였는데, 이러한 마을을 그들은 벌방(伐坊)이라고 불렀으며, 간척이 진행됨에 따라 하리·간데개·신동·숯개 등의 벌방들이 잇달아 입지하였다. 이 취락들은 대부분 상주산 밑으로부터 송가평의 상부에 분포하므로, 송가평의 간척 및 개간이 이 들판의 북쪽에서 시작되어 남쪽의 석모도까지 확대되었음을 알 수 있다.

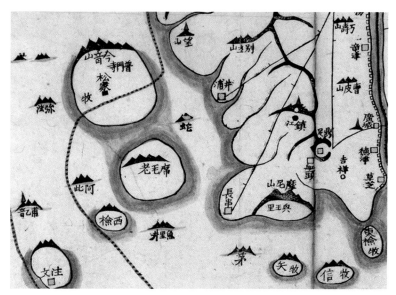

▲ 1861년 대동여지도 강화 석모로도 부분(규장각, 10333-v.1-22). 송가도와 석모로도가 연결된 것으로, 어유정도는 따로 표기되어 있다.

이들 중 보문사 아래의 사하리(寺下里)의 호구평언과 사지평언은 비교적 면적이 넓은 간척지인데, 이 간척지가 보문사의 승결(僧結) 이었다는 현지 주민의 제보가 있다. 강화에는 호구평언 외에도 장령 면·선원면·내가면·삼해면 등지에 승결(僧結)이 분포하였다.[27] 사 찰에 의한 간척 및 수리시설의 관리는 조선시대에도 성행하였으므 로 이 제보는 신빙성이 있어 보인다.[28]

오늘날 석모도의 간척평야 범위를 명확하게 밝히기는 쉽지 않으 나 『청구도』·『대동여지도』·『강화부전도』 등의 고지도와 1:2만 5000 정밀토양도를 분석하면 원해안선의 복원이 가능하다. 고지도

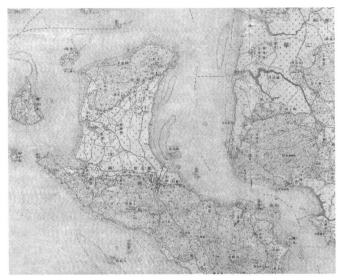

▲ 1919년 강화 조선오만분일지형도. 일본 陸地測量部에서 제작한 지도로, 여기에는 석모
도가 본섬으로 표기되어 있다.

가운데『청구도』는 석모도가 본래 송가도 · 석모도 · 매음도 등 세
개의 섬으로 분리되어 있었음을 명시하고 있으며,『강화부전도』는
강화 남쪽의 선두평과 가릉평의 조수가 통하는 수로이며, 마니산 일
대가 강화와 분리된 섬이었음을 나타내고 있다.

　상주언이 완공되고 약 130년이 지나 제작된 김정호의『청구도』
에는 송가도 · 석모도 · 매음도 등이 각각 별개의 섬으로 그려졌으
며, 다만 〈경기서부지도〉와 〈강화지도〉에는(『輿地圖』(서울대 도서관 古
4709~68)), 〈강화지도〉(국립중앙도서관 古 2702~17)는 18세기 말~19
세기 초에 제작된 것으로, 이 섬들이 모두 연육되어 하나의 도서로

그려져 있다. 상주언 외에도 석모도에는 율포언·공포언·호구평언·사지평언 등 5~6개의 소규모 제언이 있으며, 지도의 여백에 연육이라는 표기를 하고 있어 혼란이 생긴다. 그러나 『여지도』의 제작 연대도 100~300년으로 추측된다. 결국 18~19세기의 읍지에는 모두 기록되어 있지 않은데, 그 이유는 이 제언들이 모두 백성들에 의해 축조되었기 때문인 것으로 보인다.

3. 보문암과 석굴, 사라진 대장경

　　석모도에는 이름난 유물과 유적이 없다. '석모도' 하면 '보문사', '보문사' 하면 '석모도'로만 알려져 있을 뿐이다. 왜 그럴까? 석모도에는 옛날부터 오랜 시간 동안 사람들이 살았을 것이다. 그러나 겨우 석모도 선착장에서 동쪽으로 500m 정도 떨어진 구릉에 있는 석모도 신석기 패총 유적(석모3리 : 구리안)과 보문사 석실(인천광역시 유형문화재 제27호) · 보문사 마애석불좌상(강화군 유형문화재 제29호) · 보문사맷돌(강화군 민속자료 제1호), 그리고 보문사 향나무(인천광역시 기념물 제17호), 열녀 해주최씨(海州崔氏) 정문(旌門) 정도가 오래된 유물로 석모도에 사람들이 살았던 흔적을 말해주는 것이다.

　　보문사(普門寺)는 전등사 · 정수사와 함께 강화의 3대 고찰로, 신라 선덕여왕 4년(635)에 금강산에서 내려온 회정대사(懷正大師)가 금강산에서 수행하던 중 관세음보살을 친견하고 강화도로 내려와 창건했다고 전한다.

　　당시 관세음보살이 상주한다는 산의 이름을 따 '낙가산(洛迦山)'이라고 했다고 한다. 낙가란 것은 관음보살께서 성인의 몸으로 나신 곳을 의미하며, 따라서 그 사찰의 이름을 '보문(普門)'이라 하였다고 한다. 이는 『전등사본말사지(傳燈寺本末寺誌)』와 근대의 고승 석전(石

▲ 구리안 조개더미 유적 출토 유물 모습(김석훈, 2002 「仁川市 江華郡 席毛島의 조개더미遺蹟 調査槪報」『한국신석기학보』4, 한국신석기학회)

顚) 박한영(朴漢永) 스님이 1920년에 작성한 「보문사법당중건기(普門寺法堂重建記)」에 실려 있다. 하지만 『유점사본말사지(楡岾寺本末寺誌)』의 보덕굴조에는 '회정선사가 고려 의종 10년(1156) 고구려 보덕화상이 창건한 금강산 보덕굴을 중창했다'는 기록이 있다. 학계에서는 두 회정을 같은 인물로 보고 고려시대 창건설에 무게를 두기도 한다. 『강도부지』에 따르면, "매음도의 후미진 곳에 있으며, 절 옆에는 석실(石室)과 석주(石舟)가 있는데, 아주 기이하다"고만 알려진 사찰이었다.

낙가산이라는 지명은 관음보살이 머문 인도 남쪽 보타 낙가산(普陀洛迦山)에서 유래되었다. 지금의 절강성(浙江省) 보타현(普陀縣) 동북쪽 바다 가운데 '보타도(普陀島)'라는 섬이 있다. 이 섬은 옛날에 산서(山西)의 오대산(五臺山)과 안휘(安徽)의 구화산(九華山), 사천(四川)의 아미산(峨眉山)과 더불어 중국 불교의 4대 사찰이 자리 잡은 명산으로 꼽혔다. 이러한 연유로 경기만을 출입하는 선박과 선원들의 안전을 기원하는 곳으로, 개경과 한양을 오가는 사람들의 안녕의 기도처가 되었을 것이다.

1812년(순조 12)에 이름을 알 수 없는 한 스님이 홍봉장(洪鳳章)이 쓴 권선문(勸善文)을 가지고 사찰을 중창하였고, 1867년(고종 4)에는 경산(京山) 스님이 석굴안에 처마를 달아 나한전을 건조하였다. 1893년(고종 30)에는 왕후 민비(閔妃)의 전교로 요사와 객실을 중건하였으며, 1906년에는 강화군수를 역임한 홍희준(洪喜俊)이 보문사를 중창하는 데 공헌한 자신의 조부 홍봉장의 뜻을 기리는 「보문사후록(普門寺後錄)」이라는 글을 써서 절의 서쪽 벽에 현판을 걸어 두었다고 한다.

'차별 없이 모두에게 골고루 덕화가 미치는 문'이란 이름처럼 보문사는 관음기도도량이다. 새벽 동 틀 무렵 절 앞바다에서 들려오는 파도 소리와 눈썹바위의 마애석불좌상은 예로부터 강화8경에 드는 명승으로 꼽았다.

한국의 3대 기도처는 강화군의 석모도 보문사, 남해 금산의 보리암, 양양 낙산사 홍련암 등이다. 이들 3대 기도처의 공통점은 무엇일까? 바위에 암자가 있다는 것이다. 석굴사원 속에 석가모니불과 미륵불, 나한상 등을 안치해 놓았다. 동굴 밖에 다시 석탑을 쌓고 부처님과 미륵불, 나한상을 모시고 있다. 기도 영험을 많이 보았던 까닭에 신통굴로도 불린다.

석모도의 보문사는 천연 동굴 속에 자리 잡은 석실에 나한을 모신

석굴사원이다. 보문사 석실 앞으로는 서해바다가 한눈에 들어온다. 넓이가 97평인 석실은 동굴을 이용하여 입구에 3개의 홍예문(무지개문)을 만들고, 동굴 안에 23개소의 감실을 마련하여 석가모니불을 비롯한 미륵불과 나한상을 안치했다. 이 석불들은 신라 선덕여왕 때 한 어부가 고기를 잡다 그물에 걸려 올려진 것들이라 하는 데, 꿈에서 본 대로 석실에 안치했더니 큰 부자가 되었다는 전설이 전해오고 있다. 현재 석실이 그때 그 석굴이란 설화다.

보문사에 들어서 낙가산 중턱으로 10여 분쯤 올라가면 마애관음보살상이 서해바다를 바라보고 있다. 1928년엔 금강산 표훈사의 이화응(李華應) 스님과 보문사 주지 배선주(裵善周) 스님이 일명 눈썹바위 암벽에 조각한 마애석불로, 높이 9.2m, 너비 3.3m에 달한다. 관음보살상 바로 위에 눈썹 같은 바위가 관음보살상을 보호하고 있다. 인도의 왕이 타고 온 것이라고 전하는 돌로 된 배[石舟]가 하나 있었다고 전한다.

보문사에는 고려왕실에서 왕후가 헌정한 옥등(玉燈)도 있었다. 옥등은 석굴을 밝히는 등으로 사용됐다고 하나 1980년 10·27 법난 때 행방을 감췄단다. 이 옥등과 관련된 나반존자(那般尊者: 獨聖尊者) 이야기도 전해 온다.

강도시기에 강화도에서 관료생활을 하던 이규보(李奎報)는 환상인(幻上人) 요환(了幻) 스님이 송가도(松家島) 보문정사(普門精舍) 옆에 곁에 별도로 대나무로 만든 집 한 채를 짓고, 그 집 이름을 죽재(竹齋)라고 하였다는 일화를 남기기도 하였다(『東國李相國後集』 권11 記 幻上人竹齋記).

　또 이 무렵 보문사의 전경을 알려주는 이수(李需)와 이장용(李藏用)의 화답시가 남아 있다.

보문사(普門寺)

바다 위에 구름을 뚫어 외줄 길이 통한 곳에 / 海上穿雲線路通

미간의 옥호광이 수정궁(강화의 바다)을 꿰뚫네 / 玉毫光透水精宮

눈 앞엔 넘실넘실 새파란 유리판 / 眼前瀲灩瑠璃碧

혀끝엔 분명히 붉고 붉은 연꽃 / 舌上分明菡萏紅

머리 위엔 장엄한 무량수를 이었고 / 頂戴莊嚴無量壽

손을 돌려 선재동을 쓸고 어루만지네 / 手回摩撫善財童

곱슬곱슬 파란 머리털 푸른 옥을 드리운 듯 / 回旋紺髮垂蒼玉

비치는 원광은 오색 무지개 두른 듯 / 掩映圓光繞彩虹

보배 손바닥에 달려 있는 세상 건지는 큰 공덕 / 度世眞功懸寶掌

인자한 눈에 어려있는 중생을 불쌍히 보시는 빛 / 憫人愁色着慈瞳

책상에 한 권 한 권 뽑아보는 경문 / 經抽卷卷披黃机

빨간 사롱에 줄줄이 늘어선 등불 / 燈列行行羃絳籠

한 부처님 연을 따라 취령을 여옵시니 / 一佛應緣開鷲嶺

오정인들 제 어찌 잠총에야 오를소냐 / 五丁無計達蠶叢

성낸 물결 출렁거림은 금사자의 부르짖음 / 簸掀怒木金猊吼

쇠 코끼리 엎드린 듯 바위도 기이해라 / 搪突奇巖鐵象雄

장엄한 전각들은 천 세계를 다 삼키고 / 殿閣盡吞千世界

높이 솟은 누대는 허공에 걸려 있는 듯 / 樓臺直掛一虛空

숲의 중은 한 평생 화병 속에 사는구나 / 林僧長在畫屛裏

강 늙은이 명경 속을 빠져나기 어렵겠네 / 江叟難逃明鏡中

바위 밑엔 황면로(석가)가 공을 보며 앉아 있고 / 巖下觀空黃面老

뜰안엔 녹염옹이 법을 듣고 서 있네 / 庭中聽法綠髯翁

비림대 평상에 뚫린 구멍 오랜 세월 일이로세 / 藜床作穴多年事

누더기 층층으로 기웠으니 몇 납이나 공부했나 / 霞衲成層幾臘功

길 찾아 돌아온 이는 어디서 온 분인고 / 問路歸來何處客

손 맞아 온아한 이는 바로 이 절 주인공 / 接賓溫雅主人公

아홉 줄 옷은 수전(水田) 무늬 떨쳐 말리고 / 九條衣拂田文曬

세 개피 장작을 품자로 포개어 불지피네 / 三箇柴成品字烘

벽을 향하여 앉은 이 눈썹이 눈을 띠었고 / 向壁寥寥眉帶雪

차를 달이니 펄펄 겨드랑에 바람이 이네 / 烹茶習習腋生風

이른 아침 경 소리에 국경의 평온함을 빌고 / 寅朝擊磬三邊靜

한밤 우는 종소리에 온 나라가 풍년일세 / 乙夜鳴鍾九野豐

오체를 던지니 금방 부숴지려는 듯 / 五體投來疑欲碎

쌍부를 맺고 앉아 오똑 귀머거리인 양 / 雙趺結處兀如聾

융마를 물리치니 요북이 편안하고 / 退殘戎馬安遼北

영귀를 길들여서 해동을 진정하네 / 馴養靈龜鎭海東

한 후의 문에 있는 이 몇 사람이던가 / 在一侯門人有幾

세 번째 객이 모두 다 동의하여 / 第三番客意僉同

한 달 동안 재를 올리며 은근히 비나니 / 營齋一月殷勤祝

수저의 복이며 수가 천 년이나 넓으소서 / 繡邸千年福壽洪

(『東文選』권18 七言排律 普門寺 李需)

창해를 썩 갈라 쪽배가 통하는 곳 / 截斷滄溟一葦通

오색 구름 깊은 속에 절이 우뚝 솟았네 / 五雲深處梵王宮

굽어보니 옥 거울이 맑디맑게 푸르고 / 俯臨玉鏡澄澄碧

먼저 솟은 금 바퀴는 번쩍번쩍 붉은 빛 / 先抱金輪閃閃紅

광객으론 지금 세상에 하로(하지장) 같은 이 없어도 / 狂客如今無賀老

고승은 예로부터 천동이 있네 / 高僧自古有天童

지령이 문득 가랑비를 보내는데 / 地靈忽作霏微雨

골짜기 깊숙하니 무지개가 금시 뻗네 / 谷密時成頃刻虹

일발(중의 일생)의 한가한 생애는 원정(중의 머리)에 속했고 / 一鉢閑蹤屬圓頂

삼호(신선이 산다는 산)의 먼 생각은 방동에게 부치네 / 三壺逸想寄方瞳

바다가 가까우나 어찌 육오를 낚아내리 / 六鰲海近眞堪釣

하늘이 아득한데 쌍학을 놓치었네 / 隻鶴天遙不可籠

맑은 경치는 응당 그림에 옮겨야겠고 / 淸景也應移畫軸

좋은 놀이는 이제부터 이야기 감에 넣게 되리 / 勝遊從此入談叢

물러나 숨어 사는 몸 못났다 하기 알맞네 / 退藏正好爭相劣

어찌해 분주히 날치며 제노라 싸워 영웅을 다투는가 / 奔走何勞鬪欲雄

산이 달을 토한다는 금리의 시 묘하도다 / 錦里句工山吐月

물이 공중에 떴으니, 설당의 말이 맞았군 / 雪堂言好水浮空

밤 등불 그림자는 빈 물가에 떨어지고 / 夜燈影落虛汀外

새벽 경소리는 지나는 배에 흔들리네 / 曉磬聲搖過櫓中

맑은 물결 위에 신기루가 뜬다고들 하더니 / 共道晴波騰蜃氣

봄 물결에 목욕하는 오리들만 보이는군 / 但看春浪浴鳧翁

향로 앞에 원통한 부처님께 고개 숙이고 / 一爐靜稽圓通境

만상에서 조화의 공을 깊이 찾아보네 / 萬像冥搜造化功

제영은 향안리의 작을 또 만났고 / 題詠更逢香案吏

경영은 흑두공(젊은 재상)을 지금도 기억하네 / 經營猶記黑頭公

솔나무·전나무 골짜기는 언제나 써늘한데 / 松杉壑底尋常冷

기름불 타는 인간은 제대로 뜨겁네 / 膏火人間取次烘

땅을 쓸고 향 피우니 여기저기 불사요 / 掃地燒香爲佛事

주리면 밥, 목마르면 물, 이게 바로 중의 가풍 / 飢飱渴飲是家風

꽃이 한창 펴도 세월은 본 체 만 체 / 年光不管花脣鬧

밀물이 드나들어 역서를 대신하네 / 潮曆空占水面豐

진애와는 멀으니 눈이 어찌 흐려지리 / 眼隔塵埃那得昧

훼예를 아랑곳할까, 귀도 다 먹은 듯 / 耳將毀譽亦皆聾

한 계책 우스워라, 번번이 틀려지고 / 謀身自笑恒爲左

길 잃어도 마침내 따로 동쪽 없는 것을 / 迷道終非別有東

벼슬 꼴이 말 아니니 누가 나를 알아주리 / 官況蹉跎知我少

생애가 담백하니 중이나 마찬가지 / 生涯淡薄與僧同

어쩌면 임금 은혜 대강이라도 보답하고 / 何當粗報君恩了

균계의 늙은 혜홍과 와서 함께 살아 볼까 / 來伴筠溪老惠洪

　　　　　—(『東文選』권18 七言排律 次李需普門寺詩韻)

　또한 보문사에는 고려후기에 대장경 3질이 보관되어 있었다. 민지(閔漬, 1248~1326)가 쓴 「고려국대장이안기(高麗國大藏移安記)」에 따르면, 충렬왕(忠烈王) 때에 고려를 방문했던 중국 승려 철산(鐵山) 소경(紹瓊)이 강화도 보문사(普門寺)에 있던 고려대장경 1질을 기증받아 중국으로 가져갔다고 한다. 당시 보문사에는 3질의 대장경이 있었는데, 이 중 허평(許評)과 그의 부인 염(廉)씨가 기증하였던 1질을 허평 부부의 허락 하에 중국 강서행성(江西行省) 원주로(袁州路) 의춘현(宜春縣)의 대앙산(大仰山)으로 옮겼다는 것이다. 허평은 충선왕의 장인인 첨의중찬(僉議中贊) 허공(許珙)의 아들이자, 정안군(定安君) 허종(許琮)의 아버지로 후일 이름을 숭(嵩)으로 바꾼 인물이다(「定安大君墓誌銘」).

　철산 소경은 고려 불교계의 초청으로 1304년(충렬왕 30)에 고려로 건너와 간화선을 널리 퍼뜨리는 등 불교계에 많은 영향을 미쳤다. 이 글은 1306년(충렬왕 32)에 찬술되어 비석에 새겨져 있었는데, 금강산에 세워둔 비석은 없어지고 비문을 옮겨 적은 글이 『천하동문(天下同文)』 전갑집(前甲集) 권7에 수록되어 있다. 『천하동문』은 현재 일본 동경(東京)의 세카도분코(靜嘉堂文庫)에 소장되어 있다.

조선후기 학자로 유명한 김창협의 시에서도 보문암에 대한 풍경을 읽을 수 있다. 김창협은 증조가 척화항전(斥和抗戰)을 끝까지 고수하다 청에 압송되어 6년 동안 감금된 청음(淸陰) 김상헌(金尙憲)이다. 김상헌은 강화도 남문루(南門樓)에서 분신한 선원(仙源) 김상용(金尙容)과 형제지간이다. 김창협의 조부 김광찬(金光燦)이 김상헌의 양자로 들어 갔다. 부친 문곡(文谷) 김수항(金壽恒)은 백부 곡운(谷雲) 김수증(金壽增), 중부 퇴우당(退憂堂) 김수흥(金壽興)과 함께 장동 김문을 노론의 핵심 세력으로 부상하게 만들었다. 김창엽은 그의 형제 창집(昌集), 창흡(昌翕), 창업(昌業), 창즙(昌緝), 창립(昌立) 등 육창(六昌)이 일세에 이름을 그의 가문은 조선 후기 문화에 지대한 영향을 끼쳤다. 그가 강화도에 머물다가 1679년 형 창집과 함께 보문암을 찾은 것으로 보인다. 여기서 20여년 전에 영평 백운산 보문암에서 만난 흡연(翕然) 스님을 다시 보문암에서 만나는 일을 겪는다. 이 때의 시 2수가 전한다.

보문암(普門菴)

첫번째

저물녘 안개 속에 호호망망 너른 바다 / 落日煙波浩森漫

배 저어 가다보니 푸른 산이 앞에 있네 / 中流艤棹得靑巒

넝쿨 잡고 올라오자 신선 세계 금방인데 / 諸天忽已攀蘿到

삼신산 약초 캐기 어렵다고 누가 했나 / 三島誰言采藥難

깊숙한 태초 석굴 맑은 샘이 솟아나고 / 太始窟深泉湛湛

저 멀리 천인 바위 보름달이 두둥실 / 千人石迥月團團

오늘밤 조개 속엔 밝은 빛이 가득할 터 / 蚌胎此夜饒光氣

아마도 고승만은 그 이치 꿰뚫으리 / 應是高僧獨自看

두 번째

사방 이웃 하나 없는 먼 바다 외딴섬에 / 孤島重溟絶四鄰

티끌 없이 깨끗한 바위굴이 더욱 좋네 / 更憐巖窟淨無塵

텅 비고 환하여서 박쥐조차 살 수 없고 / 空明未許棲蝙蝠

바위를 파낸 솜씨 귀신의 조화로세 / 開鑿渾疑有鬼神

바다에서 산을 보면 자라 등 모습이요 / 浪裏看山是鼇背

깊은 밤 범종소리 물고기만 듣는다네 / 夜深聽梵只鮫人

요즘 들어 인간 속세 좁게만 느껴지니 / 爾來轉覺寰區隘

노년 보낼 허름한 침상 하나 빌렸으면 / 願借繩牀老此身

—『농암집』 권6 시

　　조선 말 시와 주역에 능통했던 이재의(李載毅, 1772~1839)는 강화의
「유마니산정족사기(遊摩尼山鼎足寺記)」뿐만 아니라 「유송가도보문사
기(遊松家島普門寺記)」를 남겼다. 교동 소속인 송가도의 경관과 명물 등
을 소개하는 한편, 보문사의 주암(舟巖), 나한석상(羅漢石像) 등을 유람
한 내용을 담고 있다(『文山集』권10 記). 짐작컨대, 현 석모도를 유람한

첫 답사기가 아닌가 싶다.

한편, 강화군 두운리에서 태어난 고재형(高在亨, 1846~1916)은 1906년 강화도의 각 마을 명소를 직접 방문하여 256수의 한시(漢詩)를 짓고, 그 마을의 유래와 풍광, 인물, 생활상을 설명한 산문을 곁들인 기행문집 『심도기행(沁都紀行)』을 지었다. 그는 파도가 밀려드는 보문사의 첩도(疊濤)는 강화 10경 중의 하나라고 하였다. 끝으로 그가 남긴 시를 적어 본다.

나루 어귀 금산은 한 길로 이어졌고 / 渡口錦山一路橫

보문사 아래쪽엔 겹친 파도 울어대네 / 普門寺下疊濤鳴

돌배는 멈췄고, 눈썹 바위 서있으니 / 石舟不去眉巖立

범왕과 석굴이 이뤄졌다 말을 하네 / 云是梵王窟宅成

—「보문사 첩도」, 『심도기행』

참고문헌

『高麗史』

『東國李相國後集』

『東文選』

『農巖集』

『沁都紀行』

『朝鮮王朝實錄』

『新增東國輿地勝覽』

『承政院日記』

『備邊司謄錄』

『各司謄錄』

『高宗時代史』

『大韓每日申報』

『每日申報』

『宣禮宮江華席毛島秋收成冊』

『朝鮮地誌資料』

『新舊對照朝鮮全道府郡面里洞名稱一覽』

『續修增補 江都誌』

『畿甸邑誌』

『京畿誌』

『江華府誌』

『삼산면지』, 삼산면지편찬위원회, 2000.

『신편 강화사 증보』, 강화군, 2003.

李光麟, 『李朝水利史研究』, 한국문화원, 1961

吳龍燮, 「『高麗國大藏移安記』에 대한 考察」, 『서지학연구』 24, 2002.

金昌賢, 「고려 江都의 문수신앙과 관음신앙」 『한국중세사연구』 23, 2007.

김석훈, 「仁川市 江華郡 席毛島의 조개더미遺蹟 調査槪報」, 『한국신석기학보』 4, 2002.

許興植, 「高麗에 남긴 鐵山瓊의 行跡」, 『韓國學報』 39, 1985.

연합뉴스, 「〈연합이매진〉'감성의 촉수' 뒤흔드는 석모도 바람길」(월간 〈연합이매진〉 2017년 10월호), 2017-10-09.

현재 석모도에는 천주교와 영국국교회(성공회), 개신교를 통틀어
10여 개의 교회가 있고, 그중 5개 교회는 100년이 넘는 역사를 가지고 있다.
18세기 말 천주교를 시작으로 조선에 전래된 그리스도교가 강화도를 거쳐 석모도까지
들어온 것이다. 그중 가장 먼저 세워지고 숫자도 많은 교회는 개신교 예배당이다.
잘 알려진 대로 조선에 가장 먼저, 가장 많이 들어온 개신교 선교사는 미국인들이었다.

2장

석모도의 들판
그리고 교회

이영미
(인하대 한국학연구소 연구교수)

필자가 석모도라는 섬을 처음 알게 된 것은 약 15년 전의 일이다. 또래에 비하여 여행 경험이 많았던 한 친구가 강화도에서 조금 더 들어가면 석모도라는 섬이 있다며 1박 2일로 놀러 가자고 제안하였다. 처음에는 항상 어울려 다니던 친구 대여섯 명이 함께 가기로 했으나 시간이 맞지 않아 결국 세 명이 가게 되었다. 우리는 친구가 아버지께 빌려 온 오래된 승용차를 타고 강화도로 달렸다. 그리고 강화도 외포리 선착장에서 여객선을 타고 얼마 되지 않아 석모도에 도착하였다. 우리는 숙소에 가방을 던져놓고 바다에서 놀다가 저녁으로 조개구이를 먹고, 다음날에는 늦게까지 자고 바닷가에서 사진을 찍은 후 돌아왔다. 여행은 재미있었지만 아쉽게도 석모도 자체에 대해서는 꼬불꼬불한 산길 외에 기억나는 바가 없다. 어렵게 시간을 맞춰 여행을 왔으면서도 공부, 연애, 미래에 대하여 이야기하느라 여행지에 관심을 쏟지 못한 것이다. 몇 년이 지난 후 이 섬이 보문사(普門寺)라는 오래된 사찰을 품은 곳이자 트레킹 명소라는 이야기를 듣고, 필자는 아무 것도 몰랐던 15년 전 우리의 석모도 방문을 떠올리며 아쉬워하였다.

이 글의 제목은 〈석모도의 들판 그리고 교회〉이다. 필자는 석모도의 들판, 정확히는 바다를 들판으로 바꾼 인간의 노력인 '간척'을 첫 번째 소재로 삼았다. 석모도는 조선 후기부터 현대에 걸친 수차례의 간척 공사를 통하여 오늘날과 같은 형태를 갖추게 되었는데, 이와 관련하여 잘 알려지지 않은 부분이 있는 것 같아서 좀 더 조사해 보고 싶었다. 두 번째 소재는 '교회'이다. 석모도 답사 전 기초 조사의 일환으로 『삼산면지(三山面誌)』(1999)-삼산면은 석모도의 행정구역명이다-를 읽다가 이 섬에 창립 100주년을 훌쩍 넘은 그리스도교 예배당이 여러 곳 있음을 알게 되었다. 이는 18세기 말 천주교를 시작으로 조선에 전래된 서구인들의 종교가 인천에서 강화도, 강화도에서 석모도로 빠르게 서진(西進)하였음을 일러 준다. 필자는 개항기 및 일제강점기의 재한서양인들에 관심을 갖고 있는 한국근대사 전공자로서, 그리스도교가 언제 어떻게 석모도에 전파되어 현재까지 이어지게 되었는지를 정리해 보고자 했다.

이 글은 석모도에 관한 것이지만 석모도에 국한된 것은 아니다. 간척 사업과 그리스도교 전래는 우리에게 매우 일반적인 연구 주제이다. 한국은 특징적인 해안 지형 때문에 어느 나라 못지않게 긴 간척의 역사를 갖고 있다. 또한 한국은 서구인들의 그리스도교 선교가 성공을 거둔 몇 안 되는 나라이기도 하다. 독자들이 이 글을 읽고 석모도뿐 아니라 우리의 과거와 현재에 대한 이해를 넓힐 수 있다면 더 바랄 것이 없겠다.

1. 바다가 들판이 되기까지

세 개의 산, 세 개의 섬

황금빛 물결치는 넓은 벌판에 오곡이 무르익는 기름진 옥토
해명산 상봉산아 상주산이여 영원히 빛나라 우리 삼산아

이상은 삼산면이 가사를 짓고 〈그리운 금강산〉의 작곡가 최영섭(崔永燮, 1929~현재)이 곡조를 붙인 〈삼산면가(三山面歌)〉의 1절 가사이다.[01] 가사의 전반부는 석모도가 섬이면서도 농업을 주요 산업으로 삼고 있음을 가르쳐 준다. 한편 후반부 가사를 통하여 우리는 석모도에 삼산면이라는 행정구역명이 붙은 것이 세 개의 산 때문임을 짐작할 수 있다.

먼저 후자에 관하여 이야기해 보자. 석모도에는 세 개의 산이 있다. 북부의 상주산(上柱山), 중부의 상봉산(上峰山), 남부의 해명산(海明山)이 그것이다. 상주산은 하리와 상리에 걸쳐 솟은 산이다. 세 산 중에서 가장 낮아 북동쪽 끝의 높이가 264m이다. 상봉산은 석모리 한가운데에 있는 높이 316m의 산이며, 해명산은 석포리와 매음

▲ 위성 사진으로 본 석모도
(북쪽의 초록색 부분은 상주산이고 중남부의 초록색 부분은 상봉산과 해명산이다. 출처: 구글 위성지도).

리의 경계가 되는 높이 320m의 산이다. 상봉산과 해명산은 석모도의 중부와 남부에 걸쳐 북서-남동 방향으로 뻗은 하나의 산줄기에 속해 있다. 한편 세 개의 산에 포함되지 않지만 못지않게 유명한 산은 고찰 보문사가 있는 높이 235m의 낙가산(落迦山)이다. 이 산 역시 상봉산과 해명산이 속해 있는 산줄기의 일부이다. 해명산에서 낙가산을 거쳐 상봉산에 이르는 등산로는 트레킹을 즐기는 사람들에게 인기라고 한다.

필자 역시 석모도를 몇 차례 답사하면서 산행을 시도한 적이 있다. 원래는 상주산에 가고 싶었으나 일행의 뜻에 따라 해명산을 오르게 되었다. 그러나 초심자가 쉽게 오를 수 있는 산이 아니었는지 얼마 오르지 못한 채 포기하고 말았다. 기회가 되는 대로 다시 한번 도전해 볼 생각이다.

석모도는 산만 세 개인 것이 아니라 섬도 세 개다. 다시 말하면 지금의 석모도는 세 개의 섬이 합쳐져 만들어진 새로운 섬이라는 것이다. 석모도 북부 즉, 상주산과 그 주변은 원래 송가도(松家島)라는 섬이었으며, 석모도 남단에는 송가도보다 훨씬 작은 어유정도(魚遊井

島)가 있었다. 또한 송가도와 어유정도 사이에는 상봉산과 해명산을 품은 섬이 가로로 놓여 있었는데, 이 섬은 석모도(席毛島), 석모로도(席毛老島), 구음도(仇音島), 금음북도(今音北島), 매도(煤島), 매음도(煤音島) 등 다양한 이름으로 불렸다.[02] 이 글에서는 매음도라고 부르겠다. 송가도, 어유정도, 매음도 세 개의 섬은 조선 후기 이후 기나긴 시간을 거쳐 하나의 섬으로 통합되었다. 이는 자연 작용과 인간 노력의 합작품인 간척을 통해서였다.

고려 후기의 간척 사업과 송가도, 매음도, 어유정도

간척이라고 하면 우리는 흔히 풍차의 나라 네덜란드를 떠올린다. 이 나라는 '낮은 땅'이라는 국명에 걸맞게 국토의 4분의 1이 해수면보다 낮아 무려 13세기부터 간척 사업을 시행해 왔으니 자타가 공인하는 간척의 나라가 분명하다. 그러나 한국도 네덜란드 못지않게 긴 간척의 역사를 갖고 있다. 다른 점이 있다면 한반도는 네덜란드처럼 저지대여서가 아니라 세계적 수준으로 큰 조차(潮差), 얕은 수심, 복잡한 해안선 때문에 일찍부터 간척을 시작할 수 있었다. 잘 알려져 있다시피 한반도의 서해안과 남해안은 천혜의 간척 입지 여건을 갖추었다. 조차가 크고 수심이 얕으며 해안선이 복잡한 것은 기본이다. 연안에 섬이 많은데다 지반이 대부분 사질이토(砂質泥土)로 되어 있고 기상조(氣象潮: 기상의 변화에 따라 일어나는 해면 상승)가 낮

으며, 모래와 흙, 돌, 자갈 등을 구하기 쉬워 방조제를 축조하기에도 좋다는 것이다.[03]

간척은 무엇보다도 새로운 농경지를 확보하는 방법이었다. 한국은 전통적인 농업 사회로서 고대 국가 시절부터 간척을 실시하였을 것이나, 간척에 관한 최초의 역사 기록은 몽골의 공격에 맞서 싸우던 고려 후기에 나타난다. 1248년(고종 35년) 서북면병마판관으로 부임한 김방경(金方慶, 1212~1300)이 청천강 하구의 섬 위도(葦島)에 제방을 축조하고 농지를 조성한 것,[04] 1256년(고종 43년) 고려 조정이 제포(梯浦)와 와포(瓦浦)를 좌둔전으로 삼고 이포(狸浦)와 초포(草浦)를 우둔전으로 삼은 것이 그것이다.[05] 둔전(屯田)은 군사 식량을 확보하기 위하여 만든 농경지를 뜻한다. 전자는 외적의 손아귀가 닿지 않는 곳을 개간하여 전답을 만든 사례이고, 후자는 전란으로 줄어든 국가 수입을 회복할 목적으로 간척지를 만든 사례이다.

이와 같이 고려 후기의 국가적 간척 사업은 대몽항쟁이라는 특수 상황에서 시작되었다. 이는 1259년(고종 46년) 몽골에 항복하면서 중단되었으나 100여 년 후 공민왕 치세에 이르러 재개되었다. 1356년(공민왕 5년) 6월 그는 둔전의 복구 및 설치를 위하여 다음과 같은 교서를 내렸다.

연해의 땅은 제방을 쌓아 물을 막으면 양전이 될 수 있는 것이 더러 있으니, 마땅히 해당 관리에게 명하여 땅을 살피게 하

여 왜를 방어하는 군졸을 이용하여 농부로 삼을 것이나.[06]

공민왕이 둔전 조성을 명령한 이유는 새로운 외적 '왜' 때문이었다. 왜는 당시 고려와 중국을 끔찍이도 괴롭혔던 일본 해적 왜구(倭寇)를 가리킨다. 즉, 그는 왜구의 침략에 대비하여 서해안을 방비할 목적으로 간척을 수행한 것이다. 그의 치세에는 기술의 발전으로 깊은 갯골(갯벌 사이에 발달한 물길)도 매립할 수 있게 되면서 좀 더 넓은 간척지가 만들어졌다. 대표적인 것이 강화도에서 가장 큰 간척지인 망월평(望月坪)이다. 그런가 하면 공민왕의 뒤를 이은 우왕도 장인 최영(崔瑩, 1316~1388)의 청에 따라 교동도와 인근의 섬들을 하나로 만들고 젊은 이들을 전진 배치하는 사업을 시행하였다. 이 역시 왜구의 출몰에 대비하여 변방을 수호하고 군량을 확보하려는 취지에서였다.[07]

그렇다면 오늘날 석모도의 전신인 송가도, 매음도, 어유정도는 고려시대 때 어떤 모습이었을까? 세 섬은 완전히 별개의 섬이었다. 특히 송가도는 교동도 바로 남쪽에 있어서 교동현에 소속되었으며, 교동도와의 사이에 갯벌이 있어서 물이 빠지면 통행할 수 있었다고 한다. 이러한 사정에 변화가 생긴 것은 고려 말부터였다. 교동도 간척 공사의 영향으로 교동도와 송가도 사이의 갯벌이 사라지더니 송가도와 매음도 사이에 넓은 갯벌이 생기기 시작한 것이다. 1424년(세종 6년)에 시작되어 1454년(단종 2년)에 완성된 『세종실록』「지리지」 부평도호부조에서 이 갯벌의 존재를 확인할 수 있다.

송가도는 현 남쪽 수로 5리에 있다. [동서가 2리요, 남북이 1리 반

이며, 간전 4결이 있다. 목자 2호가 살며, 조수가 물러가면 글음섬의 목마가

스스로 왕래한다.] [08]

이 기록이 설명하는 바와 같이 송가도와 매음도(글음섬) 사이에는 썰물 때 인마(人馬)가 왕래할 수 있을 정도의 갯벌이 생겼으며, 특히 고도가 높은 쪽에는 간척에 매우 유리한 염생습지(鹽生濕地)가 형성되었다.[09] 고려 말에서 조선 초까지 불과 수십 년 만에 일어난 놀라운 변화였다. 물론 그렇다고 해서 곧바로 간척 사업이 시작된 것은 아니다. 간척은 많은 인력을 일시에 동원해야 하는 대규모 토목 공사이기 때문에 일상적인 여건 아래서는 시행하기 어려웠다.

조선 전기 간척 사업의 전개와 특징

고려 후기의 간척이 외적의 침입에 대비하는 방편이었다면 조선 전기의 간척은 무엇보다도 농경지를 확보하기 위한 수단이었다. 왕조 초창기였던 태종의 치세에는 아직 왜구가 활동하고 있었으므로 강화도에 둑을 쌓고 둔전 경영을 명한 일이 있었지만,[10] 세종대 이후로는 외적 방어와 둔전 조성을 위한 간척 대신 백성들에게 농토를 나눠 주기 위한 간척이 논의되었다. 이는 1441년(세종 23년)과 1451년(문종 1년)의 다음 기록에 나타나 있다.

의정부에서 호조의 첩정에 의거하여 아뢰기를, "이제 인구는 날마다 번성하고 있사온데 전토는 한정이 있는 것이오라, 백성이 농사를 짓지 못하여 드디어 산업을 잃게 되었습니다. 바다에 가까운 주군의 해변에다 제방을 쌓아 논을 만들 만한 곳이 매우 많사오나 민력이 모자라 그 이익을 얻지 못함은 실로 은전이 궐한 때문이오니, 바라옵건대 각도의 감사로 하여금 사람을 보내어 심정하게 하고 백성으로 하여금 경종하게 하시어 백성의 산업을 이롭게 하옵소서" 하니 그대로 따랐다.[11]

하천 제방의 일은 모두 말하기를, "하천 방축의 이익 가운데 매우 커다란 이익이 있는 곳은 거의 모두 방축을 쌓고 이미 세운 법에 의하여 시행하니 별도의 예로 사람을 임명하여 보낼 필요가 없습니다. 양계는 진펄에 경작할 만한 곳이 매우 많으나 아직 기경하지 않는데, 어찌 하천에 제방 쌓기를 일삼겠습니까? 마땅히 유서를 내려 진펄의 백성들로 하여금 갈고 씨를 뿌리게 하소서" 하였다.[12]

이상의 기록은 세종과 문종이 민생 구제의 차원에서 간척을 장려하였음을 보여 준다. 이는 고을 수령이 백성들을 동원하여 간척을 실시한 후 그들에게 농경지를 분배하여 경작하게 하는 방식으로, 백성들은 토지를 얻어 생업을 영위하고 국가는 조세 수입을 얻게 되는 이점을 가지고 있었다. 그러나 민생 구제를 위한 국가적 간척 사업은 조선 전기를 통틀어 많이 시행되지 않았으며, 오히려 사익 증대를 위한 민간 주도의 간척이 주류를 이루었다.

　개인이 갯벌을 간척하여 간척 농지 즉, 언전(堰田)을 소유하기 위해서는 수령에게 청원을 올려 개간을 허가하는 일종의 증명서인 입안(立案)을 받고, 간척을 완료한 후 간척지를 양안(量案: 토지 대장)에 등재해야 했다. 제도적으로는 일반 농민들도 입안을 받아 간척에 참여할 수 있었으나 현실적으로 쉽지 않았으며, 입안을 받더라도 간척후 소유권을 확보하는 데 어려움이 많았다. 따라서 실제로 입안을 받아 간척을 실시한 주요 계층은 권세 있는 양반층이나 국왕의 가족 친지였다. 특히 연산군의 치세 이후 대군과 왕자, 공주, 옹주가 연해 지역의 땅들을 받으면서 그들의 친인척이 활발하게 간척을 진행하였는데, 그들은 간척에 필요한 노동력을 동원하기 위하여 주로 국가 부역 체제를 이용하였다. 둔전이라는 명분을 빌려 군민을 동원하고 간척이 끝난 후에는 백성들을 소작인으로 삼기도 했다.[13]

　궁방이나 척신이 아닌 일반 양반가 중에서 대규모의 민간 간척을 시행한 대표적인 가문으로는 해남 윤씨가 있었다. 이 집안은 윤효정(尹孝貞, 1476~1543) 때 처가인 해남 정씨로부터 상당한 재산을 물려받아 경제적 기반을 마련하고, 그의 장남 윤구(尹衢, 1495~1549)와 윤구의 차남 윤의중(尹毅中, 1524~1590)에 이르며 재지사족으로 성장하였다. 그중에서도 윤의중은 해남 윤씨 중 가장 높은 관직에 오른 인물이자 언전 개발에 깊이 관여하여 가문의 부를 증식시킨 상본인이었다. 어느 정도였냐면 서인의 중심 인물 조헌(趙憲, 1544~1592)에게 "신(윤의중)이 대탐하여 장흥, 강진, 해남, 진도 주위로 신의 언전이 아닌 것이 얼마나 되는가"라는 비난을 들을 정도였다. 이에 대하여 윤의중은 선대의 구업(舊業)이 있고 처가로부터 받은 재산이 있어서라고 대답할 뿐이었다. 언전이 많은 것은 사실이었기 때문이다. 또한 그는 1581년(선조 14년) 좌의정 노수신(盧守愼, 1515~1590)에 의하여 형조판서로 추천되었으나, "일생 산업을 영위하여 자신만을 살찌웠으므로 부가 호남에서 제일"이라는 이유로 서인들의 반대에 부딪혔다. 그의 언전 개발은 아들 윤유기(尹唯幾, 1554~1619), 윤유기의 양자이자 남인의 거두였던 윤선도(尹善道, 1587~1671)에 이르기까지 계속되었다.[14]

이렇게 일부 권세 있던 사람들의 경우를 제외하면 대부분의 민간 간척은 소규모로 이루어졌다. 소규모의 민간 간척은 대규모 간척에 비하여 기술 수준이 낮고 인력 동원이 어려웠기 때문에, 조수가 낮은 날 지면이 비교적 높은 염생습지에서 5~10명이 한 조를 이루어 실시하였다. 『삼산면지』에 따르면 임진왜란 당시 송가도에서도 이러한 소규모 간척이 이루어졌다고 한다. 파주에 살다가 송가도로 이주한 청주 한씨와 원주 변씨가 상주산 앞에 제언(堤堰: 둑)을 쌓고 농지를 만들었다는 것이다. 그들은 이를 첫 번째 조성된 마을이라는 뜻으로 '첫째마을'이라고도 하고 『천자문』의 첫 글자를 따서 '천째[天--]마을' 또는 '천자동(天字洞)'이라고도 불렀다. 천째마을 동쪽에도 첫째마을과 함께 최초로 세워진 마을이 있는데, 이는 상주산 밑에 있었으므로 '상주동(上柱洞)' 또는 '상주마을'이라고 불렸다.[15]

조선 후기의 간척 사업과 송가도-매음도 간척

간척이 국가 사업보다는 민간 주도로 시행된 조선 전기와 달리, 임진왜란과 병자호란 이후에는 황폐해진 국토를 재건하기 위하여 관청, 궁방, 관인이 주도하는 대규모 간척이 추진되었다. 특히 현종대에는 1664년(현종 5년) 강화 유수 조복양(趙復陽, 1609~1671)이 강화도에 제방을 쌓기 위하여 역군을 요청하였으며,[16] 1670년(현종 11년)에는 강화 유수 김수흥(金壽興, 1626~1690)도 제물포에 제방을 쌓아 묵은 땅 50여 두락을 개간할 것을 건의하였다.[17] 15년 동안 왕좌에 있으면서 흉년으로 인한 염려가 끊이지 않았던 현종에게, 간척을 통한 경지 확보는 백성들을 살리고 국가를 보전하는 무척 중요한 사업이었다. 1673년(현종 14년) 그는 "곡식을 생산할 수 있는 땅은 가능한 한 모조리 개간"하라는 유지를 내리기도 했다.[18] 현종의 이러한 뜻은 아들 숙종에게 이어졌다. 숙종은 46년이라는 긴 치세 동안 황해도부터 전라도에 이르기까지 많은 간척 공사를 명령하였다. 송가도와 매음도도 이 시기에 완전히 연결된 것으로 보이는데, 보다 자세한 내용은 『숙종실록』에서 찾은 관련 기사들을 통하여 알아보도록 하자.

1704년(숙종 30년) 7월 20일: 호조 판서 홍수헌이 민원이 있다 하여 사복시로 하여금 민전을 침해하지 말게 할 것을 청하기를 "교동 백성들이 정장하기를 '송가도는 백성들이 해마다 경작하던 땅이나, 근래에 목장이라고 칭하면서 빼앗아 사복시에 붙였는데, 대개 매음도 목장과 경계를 연하고 있기 때문에 혼동해서 빼앗기게 되었다고 해마다 등문하였지만, 문득 사복시에 내리고 끝내 올바르게 다스려지지 못하였다'라고 하였습니다."[19]

1706년(숙종 32년) 9월 5일: 강화 유수 민진원이 청대하여 시설할 두어 가지 일을 아뢰고 이어서 말하기를 "송가도에 내관이 둑을 쌓았다가 버려진 곳이 있어서 백성들이 갈아먹은 지 이제 10여 년이 되었는데, 올해에 내관 두 사람이 내려와 스스로 세를 거두려 한다고 말하며 매를 때리고 폐단을 짓고 있습니다. (중략) 바라건대 엄히 다스리도록 분부하소서" 하니 임금이 말하기를 "매우 근거 없는 일이니 죄주도록 하라" 하였다.[20]

1710년(숙종 36년) 12월 14일: 헌부에서 논하기를, "교동의 백성들이 본부에 와서 호소하기를, '병술년 가을에 묘당에서 송가도를 본부에 소속시키도록 허락하고, 토민 외에 함부로 점유하지 못하게 한 성교까지 있었는데, 타량할 때에 갑자기 그때 작인의 이름으로써 뒤섞어 현록하였으니, 당초에 힘과 재물을 기울여 여러 해 동안 고생하며 통을 쌓은 1천여 명의 백성은 마침

내 한 치의 땅도 얻지 못하였고, 도리어 섬 밖의 세력을 의지한 무리가 스스로 세금을 징수하고 있습니다' 하였습니다."[21]

1712년(숙종 38년) 4월 17일: (헌부에서) 또 논하기를, "교동의 송가도는 수천 명의 백성이 힘을 합하고 재물을 모아 방언을 쌓 았는데, 그 안에 10결의 땅은 훈신의 집에서 절수하였고, 숫자 이외에 다시 5결을 또다시 함부로 차지하였습니다. 또 결복에 서 수세하여 호조에 상납하는 것 외에 다시 더 배나 징수하였습 니다. (중략) 청컨대 송가도의 사패전결을 모두 백성에게 돌려주 고, 수세 또한 본읍으로 하여금 호조의 상세에 의거하여 남징을 하지 못하게 하소서."[22]

첫 번째 기사 중 "송가도는 백성들이 해마다 경작하던 땅"이라는 구절은 송가도 남쪽 갯벌의 상당 부분이 이미 농경지로 개간된 상태 였음을 알려 준다. 이는 민간 간척이었을 가능성이 크다. 또한 두 번 째 기사 중 "내관이 둑을 쌓았다가 버려진 곳이 있어서 백성들이 갈 아먹은 지 이제 10여 년"이 되었다는 대목은 17세기 말에도 내관과 민간에 의하여 간척이 이루어졌음을 의미한다. 다음으로 세 번째 기 사에는 1,000여 명의 백성이 힘을 합하고 재물을 모아 여러 해 동안 제방을 쌓았다는 내용이 등장한다. 이것은 송가도와 매음도 사이의 갯벌을 육지로 만든 공사를 뜻한다. 병술년 가을 왕이 토민(土民) 외

▲ 간척으로 만들어진 석모도 들판의 풍경

에는 함부로 점유하지 말라고 명령하였다는 기록을 통하여 해당 공사가 1706년 즉, 숙종 30년에 완료되었음을 알 수 있다.[23] 또한 이 기사에는 백성들이 재물을 모아 간척에 참여하였다고 되어 있으나, 100% 민간에서 주도한 간척이라기보다는 관민이 합심하여 시행한 간척으로 보인다.

그러나 송가도와 매음도 사이에 조성된 간척 농지가 그것을 일구어 낸 백성들의 몫이 되는 데는 꽤 시간이 걸렸다. 세 번째와 네 번째 기사에 따르면 간척에 참여한 백성들은 손바닥만큼의 전답도 얻지 못했고, 토지의 대부분은 사패전(賜牌田: 왕이 공신에게 하사하는 토지)으로 돌아가 엉뚱한 외부 세력이 멋대로 조세를 징수하고 있었다. 이 문제는 1712년 왕명에 따라 해결된 것으로 보이나 영조 치세 초반인 1734년(영조 10년)에 또 다시 나타났다.[24] 세금 징수와 관련된 송가도 백성들의 고초는 제방이 완공되기 전에도 있었다. 첫 번째 기사에 나타난 바와 같이 왕실의 말과 소를 관리하는 관청 사복시(司僕寺)가 송가도를 목장으로 편입시켜 전답을 빼앗은 것이 대표적인 사례이다. 그중에서도 사복시 서리 탁주한(卓柱漢)이라는 인물은 미법도 땅 8리를 폐현(廢縣)으로 기록하고 매음도 땅 60리를 25리로 고치고 교동과 송가도의 민전을 사복시에 편입시키는 등, 실로 다양한 방법을 통하여 조세를 착복하였다고 한다.[25]

송가도와 매음도가 하나의 섬이 된 후 두 섬은 어떻게 불렸을까? 새로운 이름은 생겨나지 않았다. 송가도는 계속 송가도로 불렸고 매음도 역시 자신의 명칭을 잃지 않았다. 그런가 하면 오늘날 석모도라는 이름의 연원이 된 석모로(席毛老)도 역사 기록에 등장하였다.

> 들은 즉 사복시 소관의 강화 장봉도 앞바다에 어류의 생산이 꽤 있는데, 강화부에서 매년 준치 수백 마리만을 세로 거두고, 그 나머지는 매음도 근처에 석모로 염전이 있으나 오래도록 폐기하였으며 본부에서도 수습하지 않는다고 합니다.[26]

1861년(철종 12년)에 완성된 〈대동여지도〉에는 송가도, 매음도, 어유정도가 모두 나타나 있으나, 송가도와 매음도가 완전히 연결되어 있지는 않은 모습이다. 송가도에는 섬 이름 송가도와 함께 상주산이 금음산(今音山)으로 기록되었고, 매음도에 표시되었어야 할 목장[牧]과 보문사가 실제 위치와 무관하게 표시되어 있다. 한편 매음도는 석모로, 어유정도는 어리정(魚里井)으로 기록되었다. 송가도에 가장 많은 내용이 기록된 점으로 보건대, 세 섬 중 가장 규모가 큰 것은 매음도였지만 가장 많이 알려진 섬은 송가도가 아니었을까 싶다.[27]

송가도-매음도와 어유정도가 합쳐지다

그러나 송가도와 매음도 사이가 바다에서 갯벌로 변한 것처럼, 매음도와 어유정도 사이에도 변화가 일어나고 있었다. 1665년(현종 5년) 강화 유수 조복양이 백성을 모집하여 강화도와 고가도

(古加島)를 연결하는 둑을 완공하였는데, 그 결과 어유정도 쪽으로 물길이 몰아치면서 갯벌이 형성되기 시작한 것이다. 썰물과 밀물의 차이가 클 때는 하루 두 차례, 작을 때에는 수시로 사람들이 왕래할 수 있었다고 한다.[28] 또한 매음도 근처에 석모로 염전이 있었다는 『숙종실록』 기사를 보면 염업이 이루어지기도 했던 것 같다.

매음도와 어유정도 사이의 갯벌을 육지로 만드는 일은 비교적 최근에 시행되었다. 이 일을 계획하고 실행에 옮긴 사람은 윤철상(尹喆相, 1916~2012)이다. 그는 강화도 양도면 출신에 양조장과 정미소를 운영하던 사업가로, 쌀 부족을 해결하기 위해서는 농토가 더 필요하다는 생각에서 간척을 계획하였다. 그의 회고록에 따르면 관공서에서 허가를 받은 후 한국전쟁 때 북녘에서 내려온 가난한 실향민 100~200명을 고용하고, 중장비를 마련할 돈은 없었으므로 삽과 곡괭이, 지게, 손수레만 가지고 공사를 시작하였다고 한다. 3년간의 공사 끝에 총 240ha의 육지가 탄생하였으며 삼량염전과 삼량농장이 만들어졌다. 삼량염전은 타 지역보다 염도가 낮은 이 지역의 바닷물로 짜지 않고 미네랄이 풍부한 천일염을 생산하였으나, 관광지 개발로 인하여 생산을 중단한 지 어느새 10년이 넘었다.[29]

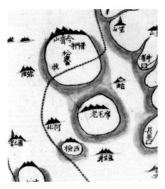

▲ 대동여지도에 그려진 송가도, 매음도, 어유정도.(출처: 규장각)

간척 공사에 착수한 시기는 『삼산면지』에는 1952년, 삼량염전 안내판에는 1957년이라고 기록되어 있다.[30] 그러나 윤철상의 회고록에 따른다면 1960년대 전반일 가능성도 없지 않다. 그는 자신이 간척을 시작하게 된 계기가 정미소 화재 사건이었다고 여러 번 밝혔는데, 신문에 보도까지 되었던 이 화재 사건은 1960년 5월 23일에 일어났기 때문이다.[31] 그렇다면 그는 화재를 수습한 후인 1960년 하반기나 1961년에 간척 공사를 시작하여 3년 후 완료하였을 것이고, 1965년 전에는 송가도-매음도와 어유정도를 통합하였을 것이다.

간척에 대한 이야기를 마무리하면서 송가도와 매음도, 어유정도가 하나의 섬으로 합쳐진 과정을 간단히 정리하면 다음과 같다. 첫째, 송가도와 매음도 사이는 원래 바다였으나 고려 우왕대(14세기 후반)에 시행된 교동도 간척 공사의 영향을 받아 갯벌로 변하였다. 둘째, 송가도와 매음도 사이의 갯벌은 민간에 의하여 소규모로 간척되다가 조선 숙종대(18세기 초)에 1,000여 명의 백성들이 참여한 공사를 통하여 드넓은 평야가 되었다. 셋째, 송가도-매음도와 어유정도 사이도 원래 바다였으나 조선 현종대(17세기 말)에 시행된 강화도-고가도 연륙화 이후 갯벌로 변하였다. 넷째, 송가도-매음도와 어유정도 사이의 갯벌은 염전 등으로 이용되다가 1960년 전후 윤철상이 주도한 간척 사업을 통하여 매립되었다. 세 개의 섬이 석모도라는 하나의 섬으로 통합될 수 있었던 것은 세 섬 사이에 형성된 갯벌 때문이었는데, 그 갯벌은 주변 섬(교동도와 강화도)에서 이루어진 간척

▲ 삼량염전(『삼산면지』에서 발췌)

공사의 결과물이었다. 갯벌은 간척을 낳고 그 간척은 또 다른 갯벌을 낳고 그 갯벌은 또 다른 간척을 낳았다.

　석모도의 어느 산이라도 좋으니 조금만 높은 곳에 올라가서 차분한 마음으로 섬을 내려다보는 것은 어떨까. 이 섬의 평평한 땅 대부분이 과거에 갯벌이었고 그 전에는 바다였다는 사실을 기억하면서, 바닷물을 막아 논으로 만들어 보겠다고 구슬땀을 흘렸을 사람들을 상상하면서 말이다.

2. 그리스도교의 서진(西進)

19세기 말 북감리교의 강화도 전래

　현재 석모도에는 천주교와 영국국교회(성공회), 개신교를 통틀어 10여 개의 교회가 있고, 그중 5개 교회는 100년이 넘는 역사를 가지고 있다. 18세기 말 천주교를 시작으로 조선에 전래된 그리스도교가 강화도를 거쳐 석모도까지 들어온 것이다. 그중 가장 먼저 세워지고 숫자도 많은 교회는 개신교 예배당이다.

　잘 알려진 대로 조선에 가장 먼저, 가장 많이 들어온 개신교 선교사는 미국인들이었다. 1884년 9월 북장로교 해외선교부의 일원으로서 조선에 온 의료 선교사 알렌(Horace N. Allen, 1858~1932)이 최초이고, 1885년 북감리교 목회 선교사 아펜젤러(Henry G. Appenzeller, 1858~1902), 의료 선교사 스크랜턴(William B. Scranton, 1856~1922)과 그의 모친인 교육 선교사 스크랜턴(Mary F. B. Scranton, 1832~1909), 북장로교 목회 선교사 언더우드(Horace G. Underwood, 1859~1916)와 의료 선교사 헤론(John W. Heron, 1856~1890)이 조선 땅에 첫 발을 내디뎠다. 이듬해에는 북장로교 교육 선교사 벙커(Dalzell A. Bunker, 1853~1932)와 길모어(George W. Gilmore, 1858~1933), 의료 선교사 엘러스(Annie J. Ellers,

1860~1938), 북감리교 교육 선교사 헐버트(Homer B. Hulbert, 1863~1949)
가 입국하였다.

그러나 이들이 들어오기 전 다른 경로를 통하여 개신교를 수용하
고 전파한 조선인들이 있었다. 평안북도 의주 출신의 상인 백홍준(白
鴻俊, 1848~1893)과 서상륜(徐相崙, 1848~1926) 등이 만주에서 활동하던
스코틀랜드 장로교 선교사 매킨타이어(John MacIntyre, 1837~1905)와 로
스(John Ross, 1842~1915)를 만나 신자가 되었던 것이다. 이들은 황해
도 장연군에 최초의 개신교 예배당 소래교회를 설립하고 선교사들
과 함께 신약성서를 번역하는 등, 미국인 선교사들이 들어오기 전부
터 선교사적 사명을 품고 활동하였다. 스코틀랜드 장로교, 매킨타이
어와 로스, 그리고 소래교회는 한국 개신교 선교의 역사를 소개할 때
반드시 언급되어야 하는 중요한 요소이다.[32]

1888년 3월 북감리교와 북장로교는 포교 과정에서 장차 일어날
수 있는 충돌을 피하기 위하여 처음으로 선교지 분할을 논의하였다.
두 차례의 모임 결과 조선의 행정 구역인 도(道)를 기준으로 선교 구
역을 분할하자는 안이 만들어졌고, 아펜젤러와 언더우드는 각 도의
선교 현황과 인구 규모를 파악하기 위하여 북부 지방으로 순회 전
도 여행을 떠났다. 이듬해 10월 호주의 빅토리아 장로교에서 첫 선
교사를 파송하고 1890년 영국국교회(성공회), 1892년 미국 남장로교
선교부가 입국하자, 북감리교와 북장로교는 선교 구역 분할 규칙 제
정을 위한 위원회를 조직하고 1893년 2월 23일 7개 조항으로 이루

어진 선교 구역 분할 협정을 통과시켰다. 이 협정은 북감리교 선교 본부의 반대로 곧바로 실행되지 못하였으나, 1909년 9월 17일에 합의되어 정식으로 시행된 선교 구역 분할의 기본 골자가 되었다.[33]

인천은 선교 구역 분할이 시행되기 한참 전인 1880년대 후반부터 북감리교의 선교 거점이 되었다. 북감리교 한국선교부는 전도인 노병일(盧丙日)을 인천에 보내는 한편 경험 많은 선교사 올링거(Franklin Olinger, 1845~1919)에게 인천 선교를 돌보게 했으며, 1890년 내리교회의 전신인 제물포교회를 시작하고 1892년 존스(George H. Jones, 1867~1919)를 최초의 상주 선교사로 파견하였다. 북장로교는 인천에 선교부를 개척하려고 시도한 적은 있으나 결국 개척하지 않았다. 오늘날 인천에 여러 교단의 교회들이 있지만 해방 전 인천의 모든 개신교회는 감리교회였다.

북감리교 선교사 존스는 인천에 부임한 첫 해부터 강화도 입성을 시도하였다. 일제강점기에 간행된 강화도 지리지 『속수증보강도지(續修增補江都誌)』(1932) 상권에 따르면 그는 갑곶진에 상륙하여 남문에 도착하였으나 수문장의 거부로 돌아가야 했다.[34] 그는 이듬해인 1893년 강화도 서사면 시루뫼[甑山]에 들어갈 수 있었다. 시루뫼 출신으로서 잠시 제물포교회에 다녔던 이승환이라는 사람이 존스에게 자신과 자신의 모친에게 세례를 베풀어 달라고 부탁하였기 때문이다. 존스는 이승환과 함께 강화도로 갔으나 김상임(金商壬)을 비롯한 양반들의 반대에 부딪혀 상륙하지 못하자, 이승환에게 모친을 데리고 오게 하여 선상 세례를 거행하였다. 이 사건이 있은 후 존스가 보낸 전도인 이명숙에 의하여 전도 활동이 개시되었고, 이승환의 집에서 그의 가족과 부녀자들을 중심으로 모임이 시작되었다. 1894년 김상임이 개종 후 다리목[橋項] 자택 앞에 예배당을 세우고 이승환의 집에 모이던 신자들을 불러들이면서, 강화 최초의 개신교 예배당인 교산교회가 시작되었다. 김상임은 1887년 강화부 승부초시에 합격한 40대의 유학자이자 지역 유지로서 강화 지역 양반들을 개종시키는 데 결정적인 역할을 담당하였다. 대표적인 이가 김상임과 친분이 있던 서당 훈장 박능일(朴能一)이다. 그는 처음에는 김상임의 개종을 못마땅하게 여겼으나 곧 열정적인 기독교 신자가 되어 1896년 홍의교회를 개척하였다.

홍의교회 교인들의 석모도 선교

홍의교회는 석모도에 감리교가 전래되는 데 매우 중요한 역할을 담당하였다. 이 교회 교인들에게는 일종의 시그니처(signature)가 있었는데 바로 이름이었다. 그들은 비록 집안이 다르지만 같은 날 세례를 받아 한 형제가 되었다며 '한 일(一)'자를 돌림자로 삼았고, 성경에서 중요하다고 생각한 글자들을 선택한 후 제비뽑기하여 이름을 바꾸었다. 박능일, 김경일(金敬一), 김봉일(金奉一), 권신일(權信一, 1855~1927), 종순일(鐘純一), 정천일(鄭天一), 주광일(朱光一)을 필두로 수

▲ 삼남교회

십 명의 신자들이 이 개명의 물결에 동참하였다.[35]

석모도에서 처음으로 전도 활동을 시작한 사람은 홍의교회의 권혜일(權惠一)이었다. 그는 권신일의 조카로 석모도 북쪽 즉, 옛 송가도 지역에 머무르면서 전도 활동을 펼쳤다. 그러나 예배당은 남쪽 매음리에 먼저 세워졌다. 석모도 최초의 개신교회인 삼남교회는 1898년 11월 29일 윤정일(尹定一)에 의하여 설립되었다. 윤정일은 박능일, 김봉일, 권신일, 종순일, 정천일과 함께 강화도 감리교 선교를 개척한 인물이고,[36]『주문구역진촌교회연혁』에 따르면 1893년 여름 성공회 선교사 워너(Leonard O. Warner, 1867~1914)와 통제영학당 교관 콜웰(William H. Callwell, 1852~1916)이 주문도를 방문할 때 동행한 "현직 매음리 전도사"였다고 한다.[37] 이와 같은 기록 때문에 윤정일은 원래 성공회 신자였다가 1893년 이후 홍의교회의 영향으로 개종하고 개명한 인물로 거론되고 있다.[38] 삼남교회는 1957년 4월 석조 예배당을 건립하고 1969년 8월 교육관, 1978년 3월 지금까지 사용되고 있는 지하 1층, 지상 2층의 예배당을 건립하였다.

▲ 송가교회의 과거와 현재

매음리에 삼남교회가 생긴 후 1902년 2월 15일 석모도 북쪽 상리에 송가교회가 설립되었다. 신응권이 이문규와 함께 주문도 동쪽 은염도의 '당나무'를 벌목하여 682-2번지에 성전을 건축하였고, 신응권을 전도한 장본인으로서 교동도 및 석모도 선교에 크게 기여한 홍의교회의 권신일이 초대 담임으로 부임하였다. 현재 사용되고 있는 예배당은 1993년 9월에 완공된 세 번째 건물이다.

석모리에는 2개 교회가 세워졌다. 하나는 1903년에 설립된 항포교회이다. 이 교회는 삼남교회와 송가교회 중간, 그러나 송가교회와 좀 더 가까운 지점에 세워졌으며, 60년간 송가교회 목사들이 왕래하면서 교회를 보살폈다. 1964년 독립하여 신명순 전도사가 초대 담임을 맡았고 1967년 박인환(朴寅煥, 1938~)이 부임하여 20여 년간 2대 담임 목사로 시무하였다.

석모리의 또 다른 교회는 석모교회이다. 이 교회의 창립일자에 관해서는 1901년, 1904년, 1908년 등 여러 가지 설이 있다.[39] 역대 담임 목사 명단에는 북감리교 선교사 케이블(Elmer M. Cable, 1874~1945)이 초대 담임으로 기재되어 있는데, 이는 그가 석모도에 상주하면서 교회를 담당하였다는 의미라기보다는 교회 설립을 지도하였다는 의미일 것이다. 한국 이름이 기이부(奇怡富)인 케이블은 1899년 9월 조선에 입국하여 배재학당 대학부에서 가르치고, 1902년 서지방 감리사로 임명되어 해주, 연안, 강화, 시흥, 부평, 남양 구역을 총괄한 인물이다.[40]

▲ 석모교회의 과거와 현재 모습

　석모도에 이렇게 100년을 훌쩍 넘은 예배당만 있는 것은 아니다. 한국전쟁이 끝나기 전인 1953년 3월 교인 5명과 학습인 2명이 석포리 463번지 사랑방에서 석포교회를 시작하였으며, 1990년대 이후로 감사교회, 언약장로교회(이상 매음리), 승영장로교회(석포리) 등 장로교 교회도 들어섰다. 그러나 오래된 교회들에 비하면 교세는 약하다고 할 수 있다.

석모도 감리교회들의 교육 사업

　　석모도에 설립된 감리교회들은 종교만 전파하는 데 그치지 않고 교육 사업에 관심을 가졌다. 대표적인 인물로 1920년 3월 석모도에 부임하여 석모교회 4대, 송가교회 8대 담임으로 시무한 이동응(李東應, 1881~1967)을 언급하지 않을 수 없다. 그는 서당 훈장 김창진(金昌鎭)과 함께 여러 곳에 산재해 있던 서당들을 합병하여 석모리 348번지에 육영의숙(育英義塾)을 개교하고, 설립 3년차 되던 1922년 육영의숙을 삼산학원(三山學院)으로 개칭하였다. 교사 3명에 학생 수가 최대 100여 명에 이르렀다고 한다.[41] 삼산학원은 1931년 삼산공립보통학교(삼산초등학교의 전신)의 개교와 함께 폐교되었으며, 이듬해 석모교회에 기증되어 교회 건물로 이용되었다.

삼산학원보다 오래된 교육 기관인 부흥여학교(富興女學校)는 감리교여선교회 사업의 일환으로 시작된 4년제 여학교였다. 1920년 이동응이 교장으로 부임하여 서양식 건물을 신축하는 등 전력을 다한 결과 30명 미만이던 학생 수가 70명에 달하였다고 한다.[42] 이 학교는 삼산학원과 마찬가지로 삼산공립보통학교 개교와 함께 폐교되었

▲ 과거(1997년)의 항포교회(『삼산면지』(2000)에서 발췌)

▲ 오늘날의 항포교회

고, 1937년부터 20여 년간 석모교회의 세 번째 건물로 이용되었다.[43]

현대에 들어서는 항포교회 2대 담임 박인환이 교육 사업에 뛰어들었다. 그는 부임 이듬해인 1968년 4월 석모리 1078번지 교회 내에 항포유치원을 개원하여 남아 20명과 여아 22명을 받고, 1970년 8월부터는 신축 유치원 건물을 사용하면서 10회 졸업생까지 배출하였다. 그러나 젊은 사람들의 이주로 원아 자원이 줄어드는 것은 어쩔 수 없는 노릇이어서, 1회 때 45명에 이르던 졸업생은 10회 때 25명으로 감소하였다. 결국 이 유치원은 총 385명의 어린이를 졸업시킨 후 1980년 12월 31일 문을 닫았다. 벌써 40여 년 전의 일이다. 현재 석모도에는 사립 유치원은 없으며 삼산초등학교와 해명초등학교에 병설유치원이 마련되어 있다.

박인환은 항포유치원 설립 후 정규 중학교에 진학하지 못한 청소년들을 위하여 1968년 7월 15일 삼산재건중학교도 개교하였다. 1970년 8월부터 산951번지 신축 교사를 사용하였으며, 1974년부터는 내무부 인가를 받아 삼산새마을중학교로 명칭을 바꾸었다. 첫 남녀 졸업생은 무려 69명이었다. 이후로는 평균 29명을 가르치면서 14회까지 총 448명의 졸업생을 배출하였으며, 학생 자원이 점점 줄어들자 1983년 12월 31일 휴교하였다.

한편 석모도 유일의 중학교인 삼산승영중학교는 1947년 11월 상리에 개교한 삼산고등공민학교 보수과에서 시작되었다. 삼남교회 장로 유호성을 비롯한 감리교인들에 의하여 기획되었고, 이듬해 10월 삼산고등공민학교로 승격되어 1968년 18회까지 졸업생을 배출하였다. 그러던 중 성냥 공장을 운영하던 이승목(李承穆)이 학교법인 삼산승영학원을 설립하면서 1967년 3월 삼산승영중학교가 시작되었다. 이 학교 역시 2000년대 초 학생 수 감소로 폐교 위기에 처하였

▲ 삼산승영중학교

으나, 2005년 장로교인 노재환이 인수하여 국제화 교육과 함께 기독교 교육을 실시하고 있다. 2018년 2월 49회 졸업식 때 25명을 졸업시켜 현재까지 총 2,693명의 졸업생을 배출하였다.[44]

영국국교회(성공회)의 석모도 선교

19세기 말 미국의 북감리교와 북장로교, 호주의 빅토리아 장로교 다음으로 한반도에 들어온 그리스도교 교단은 영국국교회, 즉 성공회이다. 1890년 9월 초 영국 육군에서 약 30년간 군의관으로 복무한 의료 선교사 와일스(Julius Wiles, 1827~1906)가 조선에 가장 먼저 입국하여 한국선교부를 마련하였고, 같은 달 29일 해군 군종 출신 코프(Charles J. Corfe, 1843~1921) 주교가 미국인 의료 선교사 랜디스(Eli B. Landis, 1865~1898)를 데리고 조선 땅에 첫 발걸음을 내디뎠다. 그 후 앞에서 언급한 워너를 위시하여 스몰(Richard Small, 1849~1909), 피크(Sydney J. Peake), 트롤로프(Mark N. Trollop, 1862~1930), 포닐(Joseph H. Pownall, 1865~1894), 데이비스(Maurice W. Davies, 1868~1942), 그리고 와이어스(John M. Wyers) 등이 뒤를 이었다.

그러나 그들의 대부분은 조선에서 장기적인 선교 활동을 펼치지 못했다. 스몰은 원래 캐나다에서 원주민 선교에 종사하다 온 사람이었다. 그는 조선에 온 지 얼마 안 되었을 때 캐나다로 돌아가라는 지시를 받았다. 내한 당시 신학생이었던 피크는 1년 후 영국으로 돌아

갔으며, 포널은 1893년 건강 문제로 귀국하였다가 이듬해 사망하였다. 평신도였던 와이어스는 선교부를 떠난 후 영국영사관 순경이 되었고, 와일스는 1893년, 데이비스는 1895년, 워너는 1896년에 각각 은퇴하였다.[45]

초창기 선교사들이 줄줄이 조선을 떠나는 상황은 성공회 선교부의 출발에 적지 않은 타격을 입혔다. 코프와 랜디스, 트롤로프는 조선에 남아 후속 남녀 선교사들과 함께 선교 사업을 전개하였으나, 랜디스는 1898년 4월 병사하였고 코프는 1904년 사임하고 조선을 떠났다. 이후로도 복음전도협회(Society for the Propagation of the Gospel)와 신성선교협회(Society of the Sacred Mission)에서 선교사들을 보냈지만, 대부분이 금방 조선을 떠났으며 장기간 선교에 종사한 사람은 많지 않았다. 특히 사제의 수는 1891년 7명이었는데 신자들이 많이 늘어난 1910년에도 12명밖에 되지 않았다.[46] 선교사 부족이라는 이 중대하고 고질적인 문제는 성공회로 하여금 전국으로 확장하는 대신 특정 지역에 집중하게 만들었다. 1912년 당시 성공회 선교 구역은 서울(1891), 인천(1890), 강화도(1893), 수원(1905), 진천(1907), 천안(1911), 그리고 황해도 백천(1912)이었다. 이상의 지역은 감리교 선교 구역과 거의 일치한다.[47]

필자가 생각하는 성공회 선교의 특징 중 하나는 서울에서 시작되어 타 지역으로 퍼져 나가지 않고 처음부터 서울과 인천에서 이원적으로 진행되었다는 것이다. 와일스가 서울 정동과 낙동에서 진료소를 시작하였다면 코프와 랜디스는 인천에 살면서 교회와 진료소를 시작하였다. 그 결과 성공회는 1891년 9월 서울보다 인천에 먼저 최초의 예배당 내동교회를 완공하였으며, 도서 지역 선교에도 비교적 일찍 관심을 가지게 되었다.

코프의 지시를 받아 강화도 선교를 시작한 선교사는 워너였다. 그는 1892년부터 한강 수계(水系)를 조사한 결과 선교 거점으로서 강화도의 중요성을 '발견'하고, 그해 7월 강화도에 파송되어 갑곶에 오두막을 얻었다. 그는 장터와 나루터에 나가 전도하는 한편 고아들을 입양하여 교육시켰고 1896년 6월 24일 고아 5명에게 영세를 베풀었다. 그러자 그의 헌신적인 태도에 감명을 받는 사람들이 생겨났다. 그중 김희준(金熙俊, 1869~1946)과 김군명(金君明, 미상~1898)은 1897년 11월 성인으로서는 최초로 인천에서 영세를 받았고, 김희준은 1915년 12월 21일 최초의 한국인 사제가 되었다.[48]

1896년 3월 워너는 강화도에 35명의 예비 신자가 생겼으니 자신을 주임으로 임명해 달라고 요청하였으나, 코프는 이를 주교에 대한 도전으로 판단하고 묵살하였다. 워너는 크게 실망한 데다 건강도 악화되어 영국으로 돌아가고 말았다.[49] 코프는 후임으로 트롤로프를 파견하여 선교 본부를 마련하고, 곧이어 의료 선교사 로스(Arthur F. Laws, 미상~1948) 등을 보냈다. 이후 워너가 뿌린 씨앗이 열매를 맺기 시작하여 일요일 미사에 50명 이상의 성인 신자가 참석하자, 트롤로프는 성당 건축을 시작하여 1900년 강화성당을 완공하는 한편 강화도 남부 지역 선교를 위하여 로스와 힐러리(Frederick R. Hillary, 1865~1937)를 파견하였다. 그들은 1906년 온수리성당을 건축하고 의료 선교와 교육 선교에서도 큰 성과를 거두었다.[50]

앞에서 언급한『주문구역진촌교회연혁』은 워너가 1893년 여름 통제영학당 교관 콜웰과 윤정일을 데리고 주문도에 갔다고 기록하였는데, 이 기록에는 작은 오류가 있다. 통제영학당은 1893년 10월에 개교하였고 콜웰은 이듬해 봄에 조선에 들어왔기 때문이다. 또한 워너가 강화도에 파견된 것이 1893년 7월인데, 강화도에 첫 발을 내딛기도 전에 주문도에서 전도 활동을 벌였다는 것도 논리적으로 맞지 않는다. 그러므로 워너와 콜웰, 윤정일의 주문도 방문은 1893년이 아니라 1894년 여름에 이루어졌다고 보는 것이 낫지 않을까 싶다.

이 기록은 윤정일이 원래 성공회 신자였다가 감리교로 개종하였다는 근거 자료로도 사용된다. 그러나 1896년 워너가 조선을 떠날 때까지 강화도에는 영세를 받은 성인 신자가 한 명도 없었기 때문에, 윤정일은 정식 성공회 신자가 아니라 그리스도교 교리에 마음을 열기 시작한 예비 신자였을 것이다. 정확한 시기는 알 수 없지만 주문도에 다녀온 후 홍의교회 교인들의 전도로 감리교 신자가 되었다고 보는 편이 좋겠다.

성공회의 석모도 선교는 1899년 조선에 온 퍼킨스(Harry H. Firkins)와 김희준에 의하여 1901년에 시작되었다. 그러나 퍼킨스가 건강 문제로 그해 조선을 떠났으며 선교사는 언제나 부족하였으므로, 실

▲ 성공회 석포리교회의 과거 모습(『삼산면지』(2000)에서 발췌

▲ 현재의 성공회 석포리교회

제로는 김희준을 비롯한 조선인 신자들의 공로가 컸을 것이다. 그의 전도로 최초의 성공회 신자가 된 사람은 목수였던 전용순(全容純)으로, 강화도를 왕래하던 중 힐러리 사제를 만나 교리를 접하게 되었다고 한다. 그는 1906년 김필상과 함께 영세를 받은 후 석포리 사랑방을 임대하여 모임을 시작하는 한편, 1909년 전동헌(全東憲)과 유석구(劉錫龜) 등 지방 유지들과 합심하여 4년제 신명학원(新明學院)을 개설하였다. 교사들은 대개 교인이었고 학생들은 최대 50~60명에 달하였으며, 감리교 교육 기관이었던 삼산학원 및 부흥여학교와 마찬가지로 삼산공립보통학교 개교 때 폐교되었다.[51] 한편 대한성공회 석포리교회 즉, 성모마리아회당은 1910년 전용순과 김필상의 노력으로 착공하여 이듬해 3월 27일 상량식을 가졌다. 이 교회는 강화도의 성공회 성당들과 마찬가지로 한옥 성당이었으며 지금의 교회는 후일 지어진 것이다. 1990년 6월까지 강화성당의 관할 아래 두었다가 이후로는 성직자를 파견하였으며, 1934년 노령으로 퇴임한 김희준이 1938년 6월 은퇴하기 전까지 보좌사제로 상주하였다고 한다.[52]

석모도에도 천주교가 소개되다

마지막으로 천주교는 그리스도교 중 가장 먼저 들어온 교단인 만큼 훨씬 길고 복잡한 역사를 가지고 있으므로, 앞부분을 생략하고 19세기 후반의 상황부터 언급하기로 한다. 1866년 대원군은 대대적인 천주교 탄압을 실시하여 수천 명의 신자와 프랑스 선교사 9명을 처형하였으나, 이미 많은 사람들에게 뿌리내린 천주교 신앙을 완전히 없앨 수는 없었다. 프랑스 역시 천주교 선교를 포기하지 않았다. 1876년 블랑(Marie J. G. Blanc, 1844~1890)은 2명의 선교사와 함께 조선에 입국하여 전교 활동을 재개하였고, 1886년 조불수호통상조약 체결을 위하여 파견된 전권대신 코고르당(George Cogordan, 1849~1904)은 선교의 자유를 얻어 내는 데 성공하였다.

인천과 강화도는 본래 천주교 선교의 중심지는 아니었으나, 1860년대부터 적지 않은 순교자들의 피가 뿌려진 곳이었다. 순교자들의 후손과 살아남은 사람들이 조심스럽지만 열렬한 전도 활동에 나선 결과, 1889년 7월 1일 인천에 첫 성당이 세워지고 초대 주임으로 빌렘(Nicolas J. M. Wilhelm, 1860~1938)이 파견될 수 있었다. 그러나 1890년대 천주교는 도서 지역에 큰 관심을 두지 않고 인천에만 집중하였으며, 1902년 답동성당 3대 주임 마라발(Joseph Maraval, 1860~1916)에 이르러서야 강화도가 아닌 영종도에 공소를 세웠다. 당시 영종도에는 안요셉을 비롯한 천주교 신자들이 소수 있었으며, 그밖에는 1897년경 신자가 된 하춘택(河春澤) 등의 감리교인들이 조금 있었다고 한다.[53]

그러나 교회가 세워지지 않았다고 해서 강화도에 천주교 신자가 전혀 없었던 것은 아니었다. 1866년 병인박해 때 부모를 잃고 강화도에 흘러들어온 후 비(非)신자와 결혼하여 남편을 개종시킨 이아가다가 그 주인공이다. 대산리 돌모루에 정착한 그녀는 딸 김루이사를 답동성당 보육원에 보내 자라게 하였고, 1909년 4대 주임 드뇌(Eugéne Deneux, 1873~1947)는 김루이사와 영종도 출신 신자 안일만의 결혼을 주선하였다. 1922년 김루이사는 남편과 고향 대산리로 돌아와 3남매를 키우며 전교 활동을 시작하였다.

한편 이들과 비슷한 시기에 충청도에서 강화도로 온 신자들이 있었다. 그들은 대산리에서 멀지 않은 하점면 부근리와 송해면 하도리에서 옹기점을 열고 신앙 생활을 시작하였다. 그 결과 1924년 강화도 최초의 천주교 회당인 부근리공소가 세워졌다. 대산리의 안일만과 김루이사도 부근리공소에 출석하기 시작하였으며, 같은 마을의 노창빈에게 전교하기 시작하여 1934년 12월 그로 하여금 세례를 받게 하였다. 때마침 옹기점을 운영하던 신자들이 경영난으로 마을을 떠나면서 공소가 중지되자, 남은 신자들은 1935년부터 노창빈의 집에 모여 대산리공소를 시작하게 되었다. 같은 해 안일만과 김루이사의 장녀 안영진은 포천 출신 신자 이재명(李載明)과 결혼하여 강화읍에 정착하고 강화읍과 대산리공소를 오가며 전교 활동을 시작하였다. 대산리공소는 한국전쟁의 발발로 일시 중지되었다가 1952년 이재명과 북에서 온 신자들의 노력으로 재개되었다.[54]

▲ 과거의 삼산공소(『삼산면지』(2000)에서 발췌)

강화도 남쪽에도 외지 출신 천주교 신자들이 정착하였다. 1928년 충청남도 서산 출신 양춘명 외 9명의 신자들이 강화도에 들어와 온수리 독점마을에서 살기 시작한 것이다. 그들은 처음에는 멀리 부근리공소까지 다니다가 1933년 정태준의 집에서 온수리공소를 시작하였다. 당시 교우는 20여 명이었으며, 가끔 답동성당 보좌사제 라가르드(J. Lagarde, 1903~1988)가 방문하여 미사를 집전하였다고 한다.[55]

1950년대 후반 이재명과 최명선, 노창성 등은 성당 건립의 필요성을 절감하여 자금을 모으고, 서울교구장 노기남(盧基南, 1901~1984)의 보조를 받아 관청리 643번지 부지를 매입하였다. 1957년 11월 11일 서울교구 김포본당 소속으로 강화공소가 설정되었고, 이듬해

1월 29일 강화도 최초의 본당인 강화성당으로 승격되었다. 온수리 공소는 그로부터 약 40년 후인 1995년 8월 28일 본당으로 승격되었으며, 이후로 1999년 내가성당(전 내가공소)과 2002년 하점성당(전 장정리공소)이 강화도에 들어섰다.

　석모도에 천주교가 들어온 것은 언제인지 분명하지 않다. 1934년 12월 대산리의 노창빈이 세례를 받던 날 삼산면 송가에 살던 56세 여성 이루이사도 세례를 받았다고 하나,[56] 그녀의 행적에 관하여 알려진 것이 없으니 궁금할 뿐이다. 다만 1950년대 후반까지 꽤 열악하였던 강화도의 천주교 실태를 감안할 때, 주변 도서 지역으로의 전교 활동이 적극적으로 이루어졌을 것 같지는 않다. 교동도의 경우 1958년 교동공소가 설정되었는데, 이는 한국전쟁 때 연백과 개성 등지에서 교동도로 피난 온 교우들의 신앙 공동체에서 출발하였다고 한다. 석모도 또한 피난민들이 다수 정착한 섬이니 교동공소와 비슷한 역사를 가지고 있을지도 모르겠으나, 지금으로서는 1960년 5월 석모리 332번지에 강화성당 관할로 삼산공소가 세워졌다는 것 외에는 특별히 알려진 사실이 없다. 1962년 7월 교인 10명의 출자금으로 337평 대지에 20평짜리 건물을 신축하여 사용하고 있으며, 2017년에 새 단장하였다. 현재는 강화성당 대신 석모도와 가장 가까운 내가성당 관할이다.[57]

　석모도의 그리스도교에 대한 이상의 이야기는 다음과 같이 요약된다. 첫째, 강화도에 가장 먼저 선교 본부를 세운 교단은 성공회이

▲ 현재의 삼산공소

지만, 석모도에 가장 먼저 침투한 교단은 감리교였다. 둘째, 홍의교회 출신의 전도자들은 1890년대 말부터 석모도에 들어가 교회를 세우기 시작하였고, 성공회는 석모도에 4대 감리교회(삼남교회 · 송가교회 · 항포교회 · 석모교회)가 세워진 후에야 신앙 공동체를 형성하였으므로 교세 확장이 쉽지 않았다. 셋째, 천주교의 경우에는 성공회나 감리교처럼 강화도에 선교사를 보내지 않고, 이미 천주교 신앙을 가지고 있던 신자들이 스스로 공소를 형성하였다. 석모도의 삼산공소는 감리교보다 60여 년, 성공회보다 50여 년 뒤인 1960년에 설정되었다.

종교를 전하는 사람들의 열망이란 종교가 없는 사람들에게는 참으로 이해하기 어려운 것이다. 혹자는 세속적 계산을 배제한 선교사적 열정이라는 것이 과연 존재하는 것인지 의문을 품기도 한다. 그러나 그것이 실재할 뿐 아니라 곳곳에서 기운차게 움직였다는 것을, 때로는 긍정적인 결과를 낳았으나 때로는 비극적인 일을 초래하였다는 것을, 우리는 역사 속의 수많은 사건들을 통하여 알고 있다. 어쨌든 그토록 뜨거운 마음을 가진 사람들의 그리스도교 선교가, 아시아와 아프리카의 많은 나라들과 달리 한국에서 괄목할 만한 성과를 거두었다는 것은 무척 흥미로운 일이다. 다만 이는 외국인 선교사들만의 공력으로 될 일이 아니었고, 오히려 그들의 전도 활동으로 그리스도교를 받아들인 현지인 전도자들의 노고의 결과였다. 현재 석모도에 있는 오래된 그리스도교 교회들은 모두 그렇게 세워진 것이다.

참고문헌

『고려사』

『조선왕조실록』

『비변사등록』

김락기·정학수·안홍민·정이슬, 『교동도: 전란과 긴장, 대립의 역사』, 글누림, 2018.

김양선, 「Ross Version과 한국 Protestantism」, 『백산학보』 3, 1967.

김옥룡, 『강화선교백년사』, 성공회강화선교백주년사업회, 1993.

농어촌진흥공사, 『한국의 간척』, 1995.

박영한·오상학, 『조선 시대 간척지 개발: 국토 확장 과정과 이용의 문제』, 서울대학교 출판부, 2004.

박장희, 「영국 성공회의 강화도 선교와 특징(1890~1910)」, 동국대학교 석사학위논문, 2018.

박헌용 편술, 이연세 외 역주, 『역주속수증보강도지』(上), 인천광역시 역사자료관, 2016.

변창욱, 「초기 내한 장로교·감리교 선교사간(間) 초교파 협력의 이중적 성격: 연합과 협력 vs. 경쟁과 갈등」, 『선교와 신학』 14, 2004.

삼산면지편찬위원회, 『삼산면지』, 1999.

양선아 엮음, 『조선 후기 간척과 수리』, 민속원, 2010.

오세주·오세종, 『영종교회백년사』, 삼봉문화사, 1992.

옥한석, 「개신교 감리교의 강화도 전래와 문화변동」, 『대한지리학회지』 49-5, 2014.

윤철상, 『윤철상의 베푸는 삶: 바닷바람과 함께 걸어온 길』, 도서출판

도리, 2005.

이덕주, 「지역사회에서 교회의 지도력 형성에 관한 역사적 고찰: 선교 초기 강화
　　감리교회 역사를 중심으로」, 『누리와 말씀』 13, 2003.

이은용, 「감리교회 강화구역 선교확장」(http://www.japong.com/korea/gg/
　　ganghwa/ ganghwa_protestant_history.pdf)

인천광역시 역사자료관, 『인천의 갯벌과 간척』, 2009.

Trollope, Mark Napier, The Church in Corea. London and Milwaukee: A. R.
　　Mowbray & Co., 1915.

목장은 현재의 강화도 본섬을 비롯해 부속된 여러 섬에 분포해 있었다.
강화도 본도에는 진강목장, 길상목장, 북일목장이 있었다.
특히 진강목장과 길상목장은 강화의 목장 중에서도
가장 중요한 양마(良馬)의 생산처였다.
또 본도 이외에도 여러 부속도서에 목장이 분포해 있었다.
말도, 볼음도, 주문도, 모도, 시도, 신도, 장봉도 등의 목장이 그것이다.
그리고 현재 석모도를 이루는 매음도에도 목장이 존재했다.

3장

석모도의 산,
그곳에 얽힌
역사 이야기

안홍민
(인천역사문화센터 연구원)

1. 해명산, 매음도목장이 있던 곳

전통시대 국가의 마정(馬政)과 강화도 목장

석모도는 엄청난 역사유적을 보유한 곳은 아니다. 바로 인근의 강화 본섬은 물론이고 북쪽의 교동도에 비교해 보아도 그렇다. 하지만 석모도에도 오랜 역사의 흔적은 남아 있다.

석모도의 지나간 역사의 모습을 보여주는 대표적 공간으로서 해명산에 있던 목장을 꼽을 수 있다. 석모도에 오래 산 주민들은 알겠지만 석모도의 방문객 중에서는 이 섬에 목장이 있었다는 사실 자체를 모르는 사람들이 대부분일 것이다. 아마 섬 주민 중에도 따로 관심을 두지 않았다면 모르는 분들이 많을 것이다. 하지만 석모도를 포함해 강화도는 조선시대 국가의 중요한 목장지였다. 강화도 그리고 석모도의 역사를 이야기하면서 또 석모도의 산을 이야기하면서 목장을 빼어놓을 수는 없는 일이다.

그렇다면 조선시대 석모도 목장의 모습은 어떠했을까? 하지만 석모도의 목장과 관련해서는 아쉽게도 그리 많은 자료가 남아 있지 않다. 석모도의 목장의 실태를 유추해보기 위해서는 우선 과거 우리 역사에서의 목장제도와 강화도 목장에 대한 이해가 필요할 듯하다.

말은 소와 함께 인류의 역사를 지탱해 온 가장 중요한 가축이었다. 지금은 말이 스포츠, 레저의 영역에서나 필요한 가축이지만 과거 전근대 시기에는 군사, 통신, 운송, 농경 등의 분야에서 절대적인 존재였다. 말을 잘 생산하고 관리하는 마정(馬政)은 국가의 운명과 직결된다고 해도 과언이 아니었다.

우리나라 역사를 살펴보면 역시 이러한 마정의 중요성에서 예외는 아니었다. 이미 고대부터 다양한 종류의 마구(馬具)들을 생산하였고 국가에서는 좋은 말을 생산하기 위해 노력했다. 고구려와 동예(東濊)의 특산물로서 과하마(果下馬)라는 말 품종이 있었다는 기록도 전한다. 우리에게는 활을 잘 쏘았던 주몽(朱蒙)이라는 이름으로 유명한 고구려 시조 동명성왕도 이 과하마라는 말을 탔다고 한다. 백제는 사비시대 22관서 중 마부(馬部)라는 관부가 있었다고 하며, 신라도 마정과 관련하여 내구(內廏), 공봉승사(供奉乘師), 승부(乘府) 등의 관부가 있었다고 한다.

고려시대에는 전국에 대표적인 10개의 목장이 있었다고 하며, 병부(兵部)와 사복시(司僕寺)에서 마정을 담당했다. 군사를 담당하는 병부가 마정을 관리한 것은 전쟁에서 말의 역할이 그만큼 컸기 때문이다.

조선왕조에 들어서도 고려와 유사하게 중앙의 병조와 사복시에서 마정을 담당하였다. 그리고 지방에는 국가가 관리하는 국영목장이 들어섰다. 목장에서는 소, 양, 돼지 등 다양한 동물을 사육했지만 대표적인 것은 역시 말이었다. 그래서 대부분 목장은 마장(馬場)이라는 이름으로 불렸던 것이다.

과거 목장에 대한 기록, 즉 읍지나 지리지, 기타 관련 자료를 살펴보면 목장의 대부분은 섬에 위치해 있었다. 물론 내륙에 위치한 경우도 있었지만 대부분의 경우 목장은 섬에 있거나 육지에서도 바다로 튀어나온 지형인 곶(串)에 위치하였다. 목장을 섬이나 곶에 설치한 이유는 쉽게 짐작할 수 있을 것이다. 바로 지리적인 이점 때문이다.

목장의 입지조건이라면 무엇을 생각할 수 있을까? 하나는 말이 먹을 수 있는 목초(牧草)의 공급이 원활해야 할 것이다. 그 외에 중요한 또 하나의 조건은 바로 말을 안전하게 기를 수 있어야 하는 것이다. 여기서 '안전'은 목장에서 기르는 말 등의 가축을 도적이나 맹수로부터 보호할 수 있는 것이기도 하면서 동시에 말이 외부로 도망치기 어려운 환경을 말하기도 한다.

이러한 조건에서 보자면 섬은 목장을 설치하기에 최적의 장소였다. 사방이 바다로 막혀 있으니 맹수나 도적의 침입을 막기에도 용이하고 말이 도망치기도 어려운 환경이기 때문이다. '곶' 지형인 것도 곶으로 들어오는 길목만 잘 관리하면 안에서 기르는 가축들을 통제하기에 편리했다. 말이 내륙의 농경지를 침입해 피해를 입히는 것을 최소화할 수 있었던 점도 섬이 목장지로서 선호된 이유 중 하나로 더할 수 있을 것이다.

그렇다면 현재의 석모도를 포함한 강화도는 어째서 국가의 중요한 목장지로 인식되었을까? 섬이라는 일반적인 목장의 입지조건 외에 무언가 다른 이유들이 있었을 것이다.

조선시대 국가의 대표적인 목장지는 제주도였다. 고려시대 몽골 간섭기 때부터 말을 키우는 장소로 개발된 제주도는 지금도 우리나라의 대표적인 말 목장이기도 하다. 그런데 조선시대 태종(太宗)은 강화도를 제주도에 비길 만한 목장지로 지목하기도 했다. 강화도가 이처럼 좋은 목장으로 꼽힌 이유는 무엇일까?

첫째로 강화도가 육지에서 가까운 섬이라는 점을 꼽을 수 있다. 강화도는 섬이지만 육지에서 멀지 않은 곳에 위치해 있었다. 제주도는 훌륭한 목장지이기는 했지만 육지까지 마필을 운송하기에 상당히 먼 거리에 위치해 있었다. 앞서 태종이 강화도를 훌륭한 목장지로 언급했다는 내용을 자세히 살펴보자.

> 만일 강화의 땅을 온전하게 목장으로 만들 수 있다면 제주보다 못하지 않은 것으로 나는 안다. 제주는 중국에서 자주 가리키지만 해로가 험난하여 왕래하는 자들이 물에 빠져 죽는 경우가 많다. 갑작스럽게 급박한 일이 일어나도 이용하지 못하게 된다면 어떻게 제주만 바라보고 있겠는가.[01]

제주는 육지로부터의 거리가 꽤 멀다. 육지에서 멀다는 것은 운송 중 풍랑의 피해를 입을 가능성도 높다는 것이다. 이에 비해 강화도는 해상 운송의 거리가 훨씬 짧았다. 태종도 이러한 상황을 인식하고 강화를 국가의 중요한 목장지로 개발하고 싶어 했던 것이다.

둘째로 조선의 수도 한성과의 거리가 가깝다는 것도 큰 이점이었다. 이것은 첫째 조건과도 연결되는 것이라 할 수 있다. 육지와 가까우면서 동시에 한성과의 거리도 가까웠다. 그래서 한강수로를 이용해 한성에 접근하기도 쉬웠고 육로를 이용한다 해도 많은 시간은 걸리지 않았다. 국가의 중요 목장지로서 운영한다면 중앙에서 관심을 두고 관리하기에 적합했다.

셋째로 강화도가 물과 풀이 풍부한 고장이었다는 점을 들 수 있다. 말을 키우려면 그것들을 먹일 물과 풀이 필요한 것은 당연한 조건이었다. 조선초기 강화도는 토양이 기름지고 풀이 풍부한 곳으로 평가 받았다.[02]

목장은 현재의 강화도 본섬을 비롯해 부속된 여러 섬에 분포해 있었다. 강화도 본도에는 진강목장, 길상목장, 북일목장이 있었다. 특히 진강목장과 길상목장은 강화의 목장 중에서도 가장 중요한 양마(良馬)의 생산처였다. 또 본도 이외에도 여러 부속도서에 목장이 분포해 있었다. 말도, 볼음도, 주문도, 모도, 시도, 신도, 장봉도 등의 목장이 그것이다.[03] 그리고 현재 석모도를 이루는 매음도에도 목장이 존재했다.

▲ 진강목장의 흔적

『세종실록지리지』 강화도호부조에 따르면 강화도에는 진강과 길 상목장, 매도(매음도)목장, 장봉도목장, 신도목장이 있고 그곳에서 키 우던 말의 수만 1,800마리가 넘었다.

강화는 훌륭한 목장지였지만 강화를 목장으로 이용할 것인가 아 니면 목장을 없애고 백성들로 하여금 농사를 짓게 할 것인가 하는 논쟁이 이어진다. 강화도는 훌륭한 목장지이기도 했지만 국가의 위 급시 피난처로서 최후의 항쟁을 펼칠 보장지처(保障之處)였기 때문 이다. 강화도가 보장지처로서 기능하자면 사람들을 이주시켜 농사 를 짓고 살게 해야만 했다. 말을 키우는 것도 농사를 짓는 것도 모두 당시 국가의 안위에서는 중요한 것이었기에 무어라 쉽게 결론짓기 에는 어려운 것이었다.

이러한 논쟁은 조선 전후기에 걸쳐 계속 이어진다. 그러나 백성의 안정된 삶을 추구하는 데에는 경작의 문제 해결이 더 중요했고 결국 강화도의 목장 운영은 점차 위축될 수밖에 없었다. 특히 임진왜란과 병자호란의 양란 이후에는 백성들의 먹고 사는 문제가 국가적으로 더욱 절박하게 다가왔다. 결국 도덕적인 차원에서도 강화를 목장으 로 경영해야 한다는 주장은 힘을 잃을 수밖에 없었다.

이후에도 강화의 목장은 경작지로 쓸 것인가, 목장의 기능을 유지 할 것인가 사이의 논쟁에 놓인다. 1864년 김정호가 지은『대동지지』 에는 강화에는 신도, 거도, 동검도 세 개의 목장만이 남아 있다고 되 어 있다. 매음도목장도 시간의 흐름 속에서 조선 후기 어느 시점에

▲ 길상목장의 흔적

사라졌고 사람들의 기억 속에서 잊힌 존재가 되어 버렸다.

어쨌든 역사 속에서 강화도가 중요한 목장지였던 것은 분명한 사
실이다. 그런데 그럼에도 불구하고 외부인들은 물론 강화 사람들에
게도 강화의 목장은 잘 알려져 있지 않다. 강화 목장은 사람들의 기
억 속에서 사라진 역사가 되어버린 것이다.

매음도목장, 사자황을 낳은 곳

강화 본섬과 마찬가지로 석모도의 목장도 사람들의 기억 속에서 사라져갔다. 그러나 강화 부속도서의 목장 중 대표적인 것이 바로 현재의 강화군 삼산면 매음리, 즉 조선시대 매음도(또는 매도) 해명산 자락에 위치했던 매음도목장이다. 목장은 석모도의 역사를 이야기하면서 결코 빼놓을 수가 없는 부분이라고 할 수 있다.

과거 매음도에 위치했던 목장의 역사를 기록을 통해 살펴보자. 매음도에는 언제 목장이 설치되었을까? 매음도에 언제부터 목장이 있었는지 명확히 확인할 수 있는 기록은 현재로서는 찾을 수 없다. 다만 고려말에 고려의 10목장 중 하나인 강음장[04]을 폐하고, 목장을 매도로 옮겼다는 기록이 전한다.[05] 여기서 매도는 매음도를 말한다. 이러한 기록들이 정확한지에 대해서는 분명하게 알 수 없지만 고려시대 말기에 매음도에 목장이 있었다는 추정은 가능할 것 같다.

매음도의 목장은 조선왕조에서 상당히 중요하게 생각했던 목장이었던 것으로 보인다. 『용비어천가』에는 태조 이성계가 탔던 팔준마(八駿馬),[06] 즉 여덟 마리의 뛰어난 말들이 등장하는데 그중 하나로서 지리산 왜구 토벌 시 그가 탔다는 사자황(獅子黃)의 산지가 강화 매음도목장이라고 전한다.

조선시대 들어 매음도목장의 기록은 『조선왕조실록』에서 태종 때에 처음 나타난다. 그 기록을 한번 보도록 하자.

강화부사(江華府使) 이정간(李貞幹)에게 나(羅)와 견(絹) 각 1필
씩을 내려주었다. 큰 호랑이가 매도 목장에 들어가서 나라의 말
을 다치게 하였는데, 이정간이 사람을 다치지 아니하고 호랑이
를 잡았기 때문이다.

이 기록은 태종5년(1405)의 실록 기사로, 강화부사였던 이정간이
라는 인물이 매음도목장에 피해를 끼친 호랑이를 잡아 상을 받았다
는 것이다. 근대 이전 한반도에 호랑이가 다수 서식하고 있었던 것
은 널리 알려진 바이지만 매음도라는 작은 섬에서도 호랑이가 살았
다니 신기한 일이다. 가끔 TV의 자연다큐멘터리에서 호랑이가 사냥
을 위해 강이나 연못에서 헤엄치는 모습을 본 적이 있다. 그 모습을
보면서 호랑이가 수영을 잘하는 동물인 것을 알 수 있었지만, 바다
를 건널 정도였다니, 호랑이의 수영 실력이 정말 대단하기는 한 모
양이다.

아무튼 조선 초기인 1400년대에는 매음도의 목장이 꽤 활발하게
운영되고 있었던 것 같다. 이후 매음도목장은 강화 본섬의 진강목
장, 길상목장과 함께 중요한 국마 목장으로 거론된다. 앞서 이야기
한 것처럼 태조 이성계가 지리산에서 왜구를 격퇴할 때 탔던 말이
바로 매음도에서 낳은 사자황(獅子黃)이었다는 점이 매음도목장의
중요성을 보여준다고 할 수 있다.[07]

그렇다면 매음도목장의 규모는 어느 정도고 얼마나 많은 수의 말

▲ 목장지도의 강화부 목장 기재 부분
(국립중앙도서관 소장)

을 길렀을까. 15세기의『세종실록지리지』에는 매음도목장에 대해 "섬 둘레가 60리에 말 327마리"이며 말을 기르는 목자(牧子)는 7호(戶)가 산다고 기록되어 있다.

이후 시간이 다소 흘러 1648년(숙종4)에 만들어진『목장지도』(牧場地圖)[08]에 따르면 매음도목장에는 암수 말을 모두 합해 290마리, 소는 11마리가 있었다. 세종대에 비해 30여 마리가 줄기는 했지만 여전히 목장의 기능을 유지하고 있었다. 같은 기록에 조선초기부터 중요한 목장으로 일컬어진 강화 본섬의 진강목장에 말이 148마리 있었다는 것을 보면 매음도가 꽤 규모 있는 목장이었다고 생각할 수 있다. 한편 같은 숙종 대 이형상의『강도지』에는 말이 321마리가 있고 이외에도 소가 19마리 있다고 기록되어 있다.

이후 영조 대의 기록인『여지도서』에는 매음도목장의 말을 248마리라고 기록하였다. 같은 책에 강화 진강목장은 147마리, 북일목장은 단 9마리의 말을 기르고 있었다고 한 사실을 보면 매음도목장은 조선후기에 강화 지역에서 가장 큰 규모의 목장이었다고 할 수 있다.

▲ 전윤두서필 팔준도에 그려진 사자황(국립중앙박물관 소장)

앞서 언급했다시피 조선시대 강화목장을 유지할 것인지 폐지할 것인지에 대해서는 목장이 생긴 이후부터 계속 논쟁이 이어져왔다. 하지만 이처럼 조선시대의 기록을 통해 보면 매음도의 목장은 비슷한 규모를 유지하며 목장으로서의 기능을 유지해왔던 것으로 보인다. 인근의 목장을 폐지하여 마필을 옮겨야 할 때에도 매음도목장이 옮기는 장소로 선택되기도 했다. 목장이 있던 주문도(현재 서도면)에 진이 설치되었을 때,[09] 강화 본섬의 길상(진강)목장을 폐지하고 경작지로 바꾸는 논의가 있었을 때[10] 매음도는 말을 옮길 장소로 언급되곤 했다.

매음도목장이 다른 강화 목장의 존치와 폐지의 논쟁 속에서도 상당한 규모와 기능을 유지할 수 있었던 이유는 무엇일까? 아마도 태조 이성계의 팔준마 중 하나였던 사자황 때문이 아니었을까. 사자황은 그만큼 매음도목장을 상징하는 존재였다고 할 수 있다.

옛 기록 속의 사자황을 살펴보자. 세종의 지시에 따라 정인지(鄭麟趾), 권제(權踶), 안지(安智) 등이 찬술한 『용비어천가』의 제70장에는 "하늘이 용기 있고 지혜로운 분(태조 이성계)를 주시어 나라를 편안하게 하시니, 팔준마가 이때에 나니"라고 되어 있다. 태조의 팔준마를 언급한 대목이다. 이 팔준마 중 사자황에 대해 조선후기에 공제 윤두서가 그린 것으로 전해지는 팔준도(국립중앙박물관 소장)에는 사자황을 그린 면에 "황색 바탕에 검정색 별(점)무늬가 있다. 강화 매도에서 나며 지리산에서 왜구를 평정할 때 탔다"고 적혀 있다. 태조의 팔준마를 그린 팔준도는 원래 세종 때 안견이 그렸다고 전해지나 현재 남아 있지는 않고 그것을 모사했다고 하는 조선후기의 일부 작품들이 있을 뿐이다.

어쨌든 이러한 기록을 볼 때 사자황이라는 명마는 매음도목장에서 생산되었던 것으로 조선시대에 계속 전해졌던 것으로 생각된다.

이처럼 태조 팔준마 중 하나인 사자황은 매음도가 자랑할 만한 국가의 중요한 명마였던 것이다. 그런데 팔준마와 관련되어 조선후기에 다소 고개를 갸우뚱하게 하는 기록도 등장한다. 이 점은 짚어볼 필요가 있을 것 같다. 먼저 숙종이 팔준마와 관련하여 무슨 말을 했는지 확인해보자.

> 강화유수 박권(朴權)이 청대(請對)하여 농업에 방해된다는 이유로 진강목장을 혁파하기를 청하니, 임금이 묘당(廟堂)에 명하여 품처(稟處)하게 하였다. 이 뒤에 대신과 비변사의 여러 신하들이 경연 중에 이뢰기를,
>
> "두 목장은 전부터 혁파하자는 의논이 있었습니다. 그러나 진강은 말의 품종이 가장 좋아서 효종조에 특별히 명하여 혁파하지 못하게 하였고, 북일은 사복시에서 막아 인하여 지금까지 그대로 보존되어 있습니다. 사복시에서 목장을 빼앗긴 곳이 자못 많으니, 본시(本寺)의 상황도 매우 염려할 만하므로, 그것을 공동 구제하는 길은 마땅히 다 막을 수는 없으니, 북일목장만은

내 주는 것이 마땅할 듯합니다."

하니, 임금이 말하기를,

"용비어천가에서, '**태조 대왕의 팔준마**(八駿馬)**는 진강의 품종 이었다.**' 하니, 그 지방에서 양마(良馬)를 생산한 것은 옛날부터 그러하였다. 효종(孝宗)께서 특별히 교유(敎諭)하시었음은 성의 (聖意)가 있는 데가 있었으니, 이제 와서 혁파하는 것은 더욱 어렵다. 북일목장만은 특별히 내 주는 것이 좋겠다."

하였다.[11]

태조 이성계의 팔준마 중 사자황이 매음도목장의 품종임은 앞서 이야기한 바와 같다. 그런데 숙종은 태조의 팔준마가 진강 품종이라면서 진강목장을 폐지하는 것을 주저하고 있다. 대체 이것은 무슨 말일까? 팔준마를 진강에서 생산했다니 말이다. 그런데 약 4년이 지난 뒤 숙종은 또 비슷한 이야기를 꺼낸다.

임금이 말하기를,

"강화의 진강목장은 박권이 유수였을 때 목장을 혁파하여 백성이 경작해 먹도록 허락해 줄 것을 청하였다. 그런데 서울에 살면서 아무 관계도 없는 자가 함부로 차지한 경우가 많고 그 고을 백성은 끼지도 못하였으니, 이는 참으로 개탄스러운 일이다. **이 목장은 원래 좋은 말을 생산하였던 곳으로, 태조 때에 팔준마**(八駿馬) **중에 한 준마가 곧 이곳의 종자였던 것이다.** 이미

말을 키우는 이익을 잃고 또 능히 백성을 이롭게 하지도 못하여

일거에 두 가지를 잃었으니, 진강목장은 전대로 사복시에 소속

하게 하는 것이 옳다."[12]

　역시 숙종은 앞서와 마찬가지로 팔준마를 진강의 품종이라고 했다. 그것도 더 구체적으로 팔준마 중의 하나라고 말한다. 그런데 이 내용과 비슷한 기록이 시간이 더 흘러 정조대에도 보인다.

　　차대하였다. 우의정 채제공이 아뢰기를,

　　"지난번에 유학(幼學) 조익의 상소로 인하여 강화 길상목장에 경작을 허가하는 것이 타당한지의 여부에 대해 강화부에 물었더니, 유수의 장계에 '본 목장의 주위에 논으로 이용할 만한 땅이 거의 50~60섬지기나 되고 밭으로 쓸 만한 땅도 수백 섬지기를 밑돌지 않습니다. 목장의 말이 과거에는 4백여 마리나 되었으나 지금은 1백 36마리에 불과하니, 강화부 관할인 매음도·장봉도 등의 목장으로 옮기더라도 충분합니다. 그리고 본 목장의 동쪽은 포구가 평탄하게 틔어 실로 남쪽에서 오는 배들이 화물을 땅으로 내리는 첫 번째 노정(路程)이고, 인천·부평·남양(南陽)·수원 등지에서 배를 타고 강화로 올 경우에도 역시 이 길을 경유합니다. 특별히 들어가서 경작하도록 허가하신다면 편안할 시절에는 양곡을 넉넉하게 할 수 있고 위급할 때에는 도움을 받을 수 있습니다.' 하였습니다. **사복시의 한 제조는 길상 목장에**

소중한 것이 있다 하여 과감하게 결정을 하지 못하는데, 그가

중하게 여기는 것은 바로 팔준마(八駿馬)일 것입니다. 설령 팔준

마가 이 목장에서 나온다 하더라도 어찌 경작해서는 안될 이치

가 있겠습니까."

하니, 따랐다.[13]

　1789년(정조 13) 우의정이었던 체제공이 정조에게 진언한 내용이
다. 체제공의 언급에 따르면 태조의 팔준마가 생산된 곳이 길상목장
(진강목장을 일컫는다)이고[14] 그 중요성 때문에 사복시에서는 그곳을 경
작지로 전환하는 것을 주저했다고 한다. 즉 팔준마의 생산지가 길상
목장이었다는 것이다.

　그러나 앞서 살펴본 바와 같이 태조의 팔준마 중 하나인 사자황
은 매음도목장에서 생산된 것이라고 전한다. 대체 매음도목장이
아니라 진강(길상)목장에서 팔준마가 나왔다는 이야기는 어디서 유
래한 것일까? 과연 사자황은 매음도목장과 진강목장 중 어디에 서
난 것일까?

　숙종은 직접『용비어천가』의 내용에 진강목장에서 팔준마가 생산
되었다는 부분이 있는 것처럼 말했지만 실제『용비어천가』내용에
서는 진강목장을 찾을 수가 없다. 팔준도첩에 기록된 팔준마의 산지
에서도 강화의 진강이라는 명칭은 나오지 않는다.

　그런데 화남 고재형이 강화를 유람하며 남긴 시문 기록인『심도

기행』에는 강화 진강목장에 대해 소개하면서 팔준마에 대한 이야기도 나온다. 효종(孝宗)이 즉위 전 봉림대군이던 시절 청의 심양에서 돌아올 때 진강목장에서 팔준마를 얻었다는 일설이 전한다는 것이다. 과연 진강목장도 팔준마를 생산했던 목장인 것일까?

그런데 한번 생각해 볼 부분이 있다. 진강목장은 효종이 북벌(北伐)을 위해 준비한 양마(良馬)인 벌대총의 이야기가 전하는 곳이기도 하다는 점이다. 그렇다면 과거 태조의 사자황 이야기와 효종의 벌대총 이야기가 사람들 사이에서 떠돌다 섞여 버린 것은 아닐까? 결국 이야기가 혼재되어 강화 진강목장에서 팔준마가 생산되었다는 식으로 말이다.

매음도와 진강의 목장은 이제 모두 사라지고 이야기만이 남아 있다. 매음도목장과 진강목장을 둘러싼 팔준마의 의문, 누군가 조금 더 깊게 들여다본다면 재미있는 이야깃거리가 나올 수 있지 않을까?

매음도목장의 흔적을 찾아서

사자황이 나왔다는 매음도목장, 과연 조선시대 실제 말을 기르던 목장의 모습은 어떠했을까? 매음도를 비롯한 강화의 목장은 이제 모두 사라져 과거의 역사가 되었다. 그리고 사람들의 기억 속에서도 사라졌다. 다만 석모도와 진강, 길상, 북일목장의 경우 일부 옛날의 모습을 추측해 볼 수 있는 약간의 흔적이 남아 있다. 그러나 그

▲ 매음도목장의 흔적을 찾아가는 길

흔적조차도 거의 방치된 채 세월의 풍상을 겪으며 사라져가고 있다.

강화도에 과거 목장의 흔적들이 곳곳에 남아 있기는 하지만 목장의 흔적에 대한 안내는 전혀 없다. 석모도 역시 마찬가지이다. 지정된 문화재도 아니고 주로 인적이 드물고 접근이 힘든 산속에 위치해 있기 때문이다.

과거 매음도목장의 흔적을 찾기 위해서는 석모도의 해명산으로 가야 한다. 해명산은 석모도에서 가장 높은 산으로 석모도의 풍경을 제대로 감상하기 위해서는 꼭 올라봐야 하는 산이기도 하다.

현재 해명산 남쪽 자락에는 매음도목장에서 말을 가두어 길렀던 돌담의 흔적인 석렬(石列)이 일부 남아있다. 지난 2007년 인천광역시립박물관에서 강화의 마장에 대해 지표조사를 실시했을 때 매음도목장의 흔적을 확인한 적이 있다.[15] 하지만 이후 추가적인 학술조사나 보존 조치가 이루어지지는 않았다.

앞서 이야기했지만 강화목장에 대해서는 강화의 주민들도 잘 알지 못하는 경우가 많다. 석모도의 매음도목장도 마찬가지다. 실제 목장의 흔적을 확인한 사람은 더욱 적다. 이 글을 쓰는 필자도 강화 본섬의 목장지는 몇 차례 확인한 적이 있지만 석모도의 목장은 문헌을 통해 접했을 뿐 실제 흔적을 확인한 적은 없다. 그래도 석모도에 대해 글을 쓰는데 매음도목장의 흔적은 확인하지 않으면 안 될 것 같기에 2018년 10월 석모도를 찾았다.

목장의 흔적이 남은 곳은 해명산의 남쪽 기슭이라고 알려져 있다. 하지만 그곳을 찾기란 결코 쉽지 않다. 사람들이 드나드는 인가나 등산로 인근도 아니고 위치가 어디인지 안내판을 설치해 두지도 않았다. 과거 인천시립박물관의 지표조사 자료에 의존해 찾는 수밖에 없었다. 나 혼자 찾기는 힘들 것이라고 생각되어 고고학 전문가이며 현장 조사 경험이 풍부한 인천역사문화센터 정민섭 연구원과 동행하였다.

석모도로 들어서 해명산 남쪽의 매음리 도로변에 차를 세우고 가려는데 장소가 마땅찮아 민가 앞에 세우게 되었다. 집에 마침 할머니 한 분이 계셔서 양해를 구했는데 흔쾌히 허락해 주셨다. 할머니

▲ 남아 있는 매음도목장의 흔적들

를 만남 김에 목장에 대해서도 여쭤봤다.

> "할머니, 저 죄송한데 혹시 해명산 쪽에 조선시대 목장이 어
> 디 있는지 아시나요?"
> "내가 이 동네 50년을 살았는데 목장 얘기는 들어본 적이 없
> 는데……."

50년을 사셨다는데 목장을 들어본 일이 없으시다니, 정말 지역민
들에게도 기억에서 사라진 역사가 되었구나 하는 생각을 하게 되었
다. 지역에서는 중요한 역사적 자원이 될 수도 있는데 이처럼 기억
에서 사라졌다는 아쉽다는 생각도 들었다.

과거 지표조사를 위해 현장을 답사했던 인천시립박물관 이희인
선생님께 연락을 드려 대강의 위치를 확인하고 목장터를 찾아 산을
올랐다. 찾아가는 길은 쉽지 않았다. 산사면의 경작지 옆을 지나 올
라가니 산 둘레에 길이 있었다. 그 길에서 일단 산속 숲으로 들어가
서 한참을 찾아 헤매 올라가니 곳곳에 돌덩이가 흩어져 있는 것이
보였다. 목장을 둘러쌌던 담, 이른바 마성(馬城)에 쓰인 돌들인 것 같
았다. 이곳저곳에 돌덩이가 한두 개씩 보이더니 점차 돌무더기가 쌓
여 있는 모습들이 보이기 시작했다. 더 올라가니 돌무더기들이 산의
경사를 따라 담 형태로 조성되어 있는 것이 눈에 띠었다. 바로 매음
도목장의 흔적임이 확실했다.

석축의 흔직을 따라 계속 올라가니 돌담이 둥그란 모양으로 작은 우리(?) 같은 형태를 이루고 있었다. 우리 형태로 남아 있는 석축의 높이는 1m 정도 되었다. 아마도 밤에는 말들을 그 우리 안에 두었다가 낮에는 방목을 했던 것 아닌가 생각되었다.

산에 오르기 전에는 과연 알아볼 수 있는 흔적이 남아 있기는 한 걸까 의구심도 있었다. 워낙 오랜 세월 방치된 채 자연의 온갖 풍상을 겪었기 때문이었다. 그런데 처음 생각했던 것보다는 목장의 흔적이 꽤 남아 있었다. 물론 많이 무너져 내려 있기는 했지만 의외로 돌무더기가 담의 형태를 이루어 잘 남아 있었다. 의외로 잘 남아 있는 석축들을 보니 작은 감동이 느껴졌다. 숨겨진 역사의 현장을 찾은 것 같은 느낌도 들었다.

조선시대 실제 운영되던 시절의 목장은 탁 트인 공간이었을 것이다. 그러나 지금의 매음도목장터는 나무가 빽빽하게 자라나 울창한 숲을 이루었다. 등산로나 그 주변도 아니고 사람의 발길이 잘 닿지 않는 숲속에 있으니 지역주민들이 잘 모르는 것도 당연했다. 50년을 사신 할머니께서 목장에 대해 모른다고 하신 말씀도 이해가 되었다. 과거에는 말이 뛰어다니던 공간이 이렇게 숲이 되어 있다니, 목장이 없어지고 그간의 세월이 많이 흘렀다는 생각이 들었다.

마치 대단한 역사적 보물을 발견한 것처럼 정신없이 카메라 셔터를 누르다가 잠깐 다른 생각이 머리를 스치고 지나갔다. 관련 자료에서만 보던 목장의 흔적을 실제로 접하니 이곳에서 말을 기르던 사람들, 그리고 목장 주변에서 살아가던 삶에 대한 생각이 갑자기 들었다. 과연 그들의 삶은 어떠했을까 말이다.

조선왕조의 법전인『경국대전』에는 국가의 목장 운영에 대한 규정이 정리되어 있다. 목장의 관리는 감목관(監牧官)이 맡았으며 각 목장마다 군두와 군부 그리고 목자들이 있었다.

감목관은 지방 수령이 겸직했다. 감목관이 관리하던 목장은 암말 100마리에 수말 15마리로 하나의 군(群)을 이루었다. 그리고 그 군에는 우두머리로 군두(群頭)가 있었다. 그리고 군두의 밑에는 군부 2명이 있었고 그 밑에 다시 실제 말을 길렀던 목자(牧子)들이 4명 있었다. 이들은 1년에 말 85마리 이상의 새끼를 생산하도록 해야 하는 의무가 있었고 말을 잃어버리기도 하면 물어내야 할 책임을 졌다.

특히 목자의 역은 매우 고된 것이었다. 더군다나 그 역은 세습되는 것이었다. 그래서 역에서 벗어나기 위해 집을 버리고 도망치는 사람도 있었다고 한다.[16] 목자의 고된 생활에 대해서는 자료를 통해 보아서 알고 있던 터이지만, 이렇게 실제로 목장의 흔적을 접하니 이러한 산에서 말을 이끌고 힘겨운 삶을 영위해야 했던 그들의 고통이 조금 더 가슴에 다가오는 듯 했다.

매음도목장의 흔적을 둘러보면서 숨겨진 역사의 현장을 찾았다는 기쁨, 이곳에서 말들을 돌보면서 고된 삶을 살아야 했던 목자들에 대한 안타까움이 교차했다. 동시에 과연 이곳을 어떻게 해야 하는 것인지 고민이 생겼다. 아마 현 상태로 그냥 두면 목장의 흔적은 점점 사리저가 결국에는 완전히 사라져 버릴 것이다. 세월과 함께 사라지도록 두는 게 맞을까? 보존을 위한 조치를 해야 한다면 어떻게 해야 할까?

이것은 매음도목장의 문제만은 아니다. 강화 본섬에도 진강, 길상, 북일 등 목장의 흔적이 아직 남아 있는 곳이 있다. 목장의 흔적을 소재로 삼아 뭔가 역사와 관련된 흥미 있는 이야기를 만들어 낼 수도 있지 않을까?

한참을 목장의 석렬만 바라보다 머릿속에 생각만 많아진 채 다시 산을 내려갔다.

해명산의 박석으로 만든 강화도 돈대

조선시대 매음도목장이 있던 해명산은 풍광이 꽤 좋은 편이다. 물론 아주 높은 산이라고는 할 수 없지만(해발 327m) 실제 올라 보면 험한 편이라는 생각이 든다. 석모도에 대한 글을 준비하면서 해명산에 두 차례 올랐는데 나의 평소 체력이 부족해서 그런지 몰라도 굉장히 힘들었다. 등산로의 굴곡도 심하고 오르기가 쉽지만은 않은 것 같았다. 그래도 그러한 어려움을 견뎌내고 산의 정상에 오르면 석모도의 아름다운 들판과 바다 풍경을 한눈에 담을 수 있다.

석모도와 강화 본섬을 잇는 석모대교가 개통되면서 석모도를 찾기는 과거보다 훨씬 편해졌고 그에 따라 해명산도 과거에 비해 찾기

▲ 해명산에서 본 돌을 쪼갠 듯한 흔적

쉬운 곳이 되었다. 이왕 방문이 쉬워진 석모도라면 해명산도 한번 꼭 올라보길 권한다.

잠시 이야기가 옆으로 샜는데, 목장이라는 역사적 공간을 만나기 위해 찾은 해명산이지만, 해명산에는 사실 목장 말고도 역사적으로 눈길을 끄는 이야기가 하나 더 있다. 바로 박석(薄石)이다. 박석은 말 그대로 얇게 쪼갠 돌을 말한다. 조선시대 궁궐, 왕릉 등을 조성할 때 석모도의 박석이 많이 사용되었다고 한다. 아마 고궁이나 왕릉을 방문했다면 정전(正殿)의 앞뜰이나 어도(御道)에 깔려있는 돌을 보았을 것이다. 바닥의 포장재로 박석을 사용했던 것이다. 석모도에서 나는 박석의 품질이 꽤 좋았던 모양이다.

석모도의 박석은 궁궐이나 왕궁을 짓는 데만 사용된 것이 아니다. 강화도의 돈대를 지을 때도 박석을 사용했다. 강화 돈대는 많은 사람이 알고 있는 강화의 대표적인 역사 유적이다. 국가의 보장지처(保障之處)였던 강화도에 돈대를 축조한 것은 1679년(숙종5년)으로 당시 외척이었던 병조판서 김석주(金錫胄)가 강화를 둘러 본 뒤 돈대를 설치할 적절한 위치를 정하여 총 48개의 돈대를 설치하였다. 이후 조선말까지 총 6개의 돈대가 추가되어 54개의 돈대가 설치되었다.

돈대에 박석을 사용하였다는 기록은 김석주가 쓴 〈돈대필축순심후서계(墩臺畢築巡審後書啓)〉에 전한다.[17] 이 서계는 김석주가 돈대 축조를 마무리하고 전 돈대를 돌아본 뒤 임금인 숙종에게 올린 일종의 보고서이다. 김석주는 서계에서 돈대의 여장(女墻)을 쌓을 때 모두 매음도의 박석을 사용했다고 했다. 매음도 박석은 이미 궁궐 등에 사용할 정도로 품질이 좋은데다 강화도와 가까운 거리에 있었기에 돈대 축조에 투여하기에 적절했을 것이다.

김석주의 서계를 보면 박석은 당시 매음도목장과도 관련이 있었다. 앞서 이야기한 대로 목장에서 실제 말을 기르는 일을 맡은 목자(牧子)들은 말이 없어질 경우 물어내야 할 책임이 있었다. 당시 목자들의 경우 면포로 갚아야 했던 모양인데 갚지 못한 경우가 많았다. 목자는 조선시대 대표적인 고역(苦役)이었다. 목자들은 매년 말 85필 이상을 생산해야 할 책임이 있었으며, 말 1마리를 손실할 때 태형 50대에 처해졌다. 그리고 손실된 말이 1마리 늘어나면 형이 1등씩 추가되어 장형 100대까지 처해질 수 있었다. 그 외에 관리들의 수탈로 가산을 탕진하는 사례도 있었다. 이와 같이 고역을 수행하던 목자들이 손실된 말의 값을 면포로 갚아야 했는데, 김석주는 석모도에서 돈대의 여장에 보충할 박석을 캐는 것만큼 면포를 감해줄 것을 건의하였다.

조선시대 활용했던 박석은 근래에도 문화재의 보수나 복원에 사용되었다. 종묘의 어도정비나 광화문과 숭례문 복원 공사에도 석모도(매음도)의 박석을 사용한 것이 그 사례이다.

석모도에서 박석을 캐던 채석장이 있던 곳이 바로 해명산이다. 해명산을 오르다 보면 지금도 남아 있는 박석의 채취 흔적을 볼 수 있다. 넓게 암반이 펼쳐진 언덕에 돌을 쪼갠 흔적들로 보이는 장소가

낚아 있다. 그런데 그곳까지 오르려면 꽤 오랜 시간 산행을 해야한
다. 산에 오르는 것 자체도 힘든데, 그 옛날 지금과 같은 장비도 없던
시절 어떻게 돌을 캐서 산 아래로 옮겼는지, 그 공역에 동원된 사람
들의 고생이 심했을 것이다. 산에 오르고 거기서 돌을 캐고 다시 산
아래로 가져가 바다를 건너 강화의 돈대를 축조하는 곳까지 이동하
는 작업은 쉽게 상상이 가지 않는다. 얼마나 힘겨운 과정이었을까.
그 돈대를 한두 군데도 아니고 무려 48개를 한번에 지었다. 지금 우
리는 강화의 돈대에 올라 여유롭게 경치를 감상하지만, 돈대는 정말
많은 사람들의 피와 땀과 눈물이 서려 있는 공간이라는 것을 기억했
으면 한다.

2. 상주산─송가도의 목장 이야기

　　석모도 북쪽의 상주산(해발 267m)을 중심으로 한 지역(현재 삼산면 상리 일대)은 과거 송가도(松家島)라는 섬이었다. 송가도는 조선시대 교동현에 속했던 곳으로 현재교동의 남쪽과 상주산 북쪽이 퇴적의 영향으로 연결되어서 인마가 왕래했다는 기록이 전한다.[18] 과거 여러 고지도를 통해 판단해 보면 송가도가 남쪽의 매음도와 연결된 것은 17세기경이었던 것으로 보인다.

　석모도의 목장이라면 매음도목장이 대표적인 곳이다. 그런데 과거의 기록을 보면 현재 석모도의 일부가 된 송가도에도 목장이 있었다고 한다. 석모도의 산에 얽힌 역사에서 목장에 대한 이야기를 꺼냈으니 상주산이 있는 송가도의 이야기도 하지 않을 수 없을 것 같다. 그리고 석모도의 산은 아니지만 삼산면에 속하는 작은 섬 미법도(彌法島)에도 목장이 있었다는 기록이 전한다. 아울러 미법도 목장 이야기도 짧게나마 짚고 넘어가 보기로 하자.

　송가도의 목장에 대한 기록을 찾다 보면 흥미를 끄는 대목이 확인된다.『세종실록지리지』에 따르면 15세기에도 간조시에는 두 섬이 연결되어 매음도의 말이 송가도를 왕래했다고 한다. 즉, 매음도목장의 말들이 바닷물이 빠져 갯벌 또는 모래톱이 드러나면 송가도까지 자유롭게 이동하였다는 것이다. 과거 매음도와 송가도는 별개의 섬이었지만 썰물 때는 인마가 왕래할 수 있었던 것을 알 수 있다.

어쨌든 『세종실록지리지』 기록을 송가도에도 목장이 있었다는 것으로 이해해도 좋을까? 하지만 매음도의 말들이 송가도를 왕래했다고 해서 그것이 정식 목장의 기록이라고 보기는 좀 부족한 것 같다.

명확하게 송가도 목장이 언급된 역사 기록은 『증보문헌비고(增補文獻備考)』를 들 수 있다. 그러나 『증보문헌비고』에는 송가도에 폐목장(廢牧場)이 있다는 단편적인 내용만이 전할 뿐 다른 언급은 전혀 없다. 단순히 추정하자면 목장이 있었다가 없어졌다는 것이니 송가도에 목장이 있었다는 해석이 틀리지는 않은 것처럼 보인다. 하지만 너무 단편적이고 앞선 시기 송가도에 대해 기록한 다른 지리지나 읍지에서는 송가도 목장에 대한 내용을 전혀 찾을 수 없다. 과연 송가도 목장은 어떤 곳이었을까?

송가도의 목장에 대해서는 숙종 때 비교적 많은 기록들이 등장한다. 우선 다음의 기록을 확인해 보자.

호조판서 홍수헌(洪受瀗)이 민원(民怨)이 있다 하여 사복시(司僕寺)로 하여금 민전(民田)을 침해하지 말게 할 것을 청하기를,
"교동(喬桐) 백성들이 정장(呈狀)하기를, '송가도(松家島)는 백성들이 해마다 경작하던 땅이나, 근래에 목장(牧場)이라고 칭하

면서 빼앗아 사복시에 붙였는데, 대개 매음도(煤音島) 목장과 경계를 연(連)하고 있기 때문에 혼동해서 빼앗기게 되었다고 해마다 등문(登聞)하였지만, 문득 사복시에 내리고 끝내 올바르게 다스려지지 못하였다.'라고 하였습니다. 지금 《여지승람(興地勝覽)》을 상고(詳考)하여 보니 원래 송가도라는 목장 이름이 없는데, 더군다나 이런 흉년이 겹치는 해에 민결(民結)이 크게 줄어든 때를 당하여 백성들의 전답을 빼앗아 목장에 편입시키는 것은 매우 휼민(恤民)하는 뜻이 아닙니다.(중간생략)"하였다.

1704년(숙종 30년)의 이 기록을 보면 송가도의 땅은 원래 일반 백성들이 경작을 했는데 사복시가 목장이라고 칭하면서 빼앗았다는 것이다. 그곳의 백성들이 매년 왕에게 글을 올려 목장의 지정이 잘못되었음을 알렸지만 소용이 없었다고 한다. "매음도목장과 경계"하고 있었다는 것은 앞서 『세종실록지리지』의 기록과도 연결이 된다. 즉 간조 시에는 말이 왕래할 정도로 매음도목장과 접해 있기 때문에 송가도의 땅을 국가에 귀속해 사복시에 내린 상황인 것이다. 당연히 사복시는 목장이라는 명목으로 송가도의 땅을 소유하고 있었다.

송가도에 언제부터 목장이 있었는지는 정확히 알 수는 없지만 『세종실록지리지』의 기록에서 이미 말이 매음도와 송가도를 왕래하고 있었다고 하니 사복시가 송가도의 땅을 목장으로서 소유한 것도 조선 초기의 어느 시점이 아닐까 생각해볼 수 있겠다. 숙종 대 기록에서 "몹시 오래된[久遠] 목장"이라는 표현을 하는 것으로 보아 그 역사가 오래된 것 같기는 하다.[19]

송가도 목장의 역사를 확인할 수 있는 또다른 기록을 보자.

(영의정 허적(許積)이) 또한 아뢰기를

"교동 땅 송가도는 본래 사복시의 목장이었습니다. 그런데 사복시에서 수습을 하지 못할 때에 그 땅에 사는 백성들이 점유하게 되었습니다. 임자년에 사복시로 다시 속하게 되어 감목관으로 하여금 관리하게 한 후부터 그 땅의 백성들이 스스로 선조의 전답이라 일컬으며 사복시와 다투는 자가 전후로 한둘이 아니라 상황이 나빠졌습니다. 그리하여 경기 감사가 조사하여 장계를 올렸는데 비변사가 계속 사복시로 속하게 했던 것입니다.(중간생략)사복시에서는 심히 긴요하지 않고, 교동에 있어서는 관계가 심히 중요하니 교동에 나누어 주십시오"하였다.

왕이 이르길 "그에 따르라"하였다.[20]

위 기록은 1675년(숙종 1)의 허적의 진언이다. 송가도 목장은 사복시에서 제대로 관리하지 못하여 섬의 백성들이 그 땅을 점유한 상황이었다. 그 시점이 언제부터인지는 정확히 알 수 없다. 그러다가 임자년(1672년으로 추정)에 다시 사복시에 소속되었는데 이에 불만을 가진 백성들의 민원이 계속되었고, 결국 허적의 건의로 1675년 사복시에서 교동으로 땅의 소속이 바뀌게 되는 것을 알 수 있다.

송가도 목장이 실제 목장으로서 말을 키웠던 목장인지는 의문이 든다. 매음도와 말이 왕래하였다고 하니 말들이 풀을 뜯던 장소가 있기는 했을 것이다. 아마 현재의 상주산 기슭이 그곳이 아니었을까? 그러나 실제 매음도목장만큼 활성화된 목장으로 사용되지는 않은 것 같다. 지리지나 읍지, 목장지도에 목장에 대한 설명이 전혀 없기 때문이다.

아마도 송가도 목장은 목장이라는 명목으로 사복시가 가지고 있던 땅이었지만 실제는 둔전(屯田)으로서 역할을 하였다고 생각된다. 송가도의 땅을 사복시에 둘 것인가 호조로 귀속시킬 것인가로 계속된 논의가 있었던 것을 보면 둔전으로서 어디서 세금을 거둘 것인가의 문제가 중요했기 때문이다.

한편 삼산면을 구성하는 섬 중 하나인 미법도에도 목장이 있었다. 미법도는 작은 섬이기는 하지만 비교적 명확한 목장에 대한 기록을 찾을 수 있다. 16세기 『신증동국여지승람』에는 미법도에도 목장이 있는 것으로 기록되어 있다. 또한 17세기 이형상의 『강도지』 목장조에도 미법도 목장을 확인할 수 있다. 다만 『강도지』에는 "말은 없고 전지(田地)만 있다"고 한 것으로 보아 17세기에는 말을 키우는 목장으로서 기능을 하지는 않은 것 같다.

명확한 기록이 있기는 하지만 아직 미법도 목장에 대한 구체적인 확인 조사는 이루어지지 않았다. 매음도목장의 흔적이 파악된 것에 비해 미법도의 목장이 어디 있었는지는 지금으로서는 알 수 없다.

3. 낙가산의 보문사
—관음보살의 숨결을 느끼다

　　해명산의 산자락은 계속 이어져 낙가산(洛迦山)이 된다. 아마 불교에 관심이 있는 독자라면 낙가산이라는 곳은 불교신앙과 관련이 있다는 것을 알아챘을 것이다. 불교에서 관세음보살(觀世音菩薩)이 머물고 있다는 산의 이름이 바로 보타낙가산(普陀洛迦山)이다. 『화엄경』에 따르면 선재동자(善財童子)가 관음보살을 알현한 곳이 보타낙가산이라고 한다. 보타낙가산이라는 이름은 산스크리트어 포탈라카(potalaka)를 음역(音譯)한 것이다.

　　우리에게는 손오공의 활약을 그린 『서유기(西遊記)』의 삼장법사(三藏法師)로 잘 알려진 당(唐)의 고승 현장(玄奘)이 쓴 『대당서역기(大唐西域記)』에도 보타낙가산의 위치에 관한 기록이 전한다. 관음신앙이 여러 지역으로 전파되면서 보타낙가산이라는 이름도 곳곳에 등장한다. 인도 남부의 타밀주, 중국의 절강성 영파(보타도)에도 보타낙가산이 있다. 티베트의 포탈라궁의 이름도 보타낙가산에서 유래한 것이다. 한편 우리나라 강원도 양양의 고찰 낙산사(洛山寺)도 보타낙가산에서 그 이름이 유래했다. 또한 충청북도 청주에도 낙가산이라는 이름의 산이 있다.

▲ 보문사와 마애불지까지 오르기 위해서는 힘든 오르막길을 한참 올라가야 한다.

▲ 보문사 일주문

석모도의 낙가산도 보타낙가산에서 그 명칭이 기원한다. 낙가산은 해발 235m의 높이로 해명산의 줄기가 이어져 낙가산이 되고 그 줄기는 상봉산으로 다시 이어지는 모양새다. 세 산은 능선을 따라서 이동이 가능하다.

낙가산이라고 하면 보문사(普門寺)를 자연스럽게 떠올릴 수밖에 없다. 보문사는 현재 석모도의 대표적인 관광 명소이다. 사실 낙가산이라는 산 이름보다도 보문사가 일반 관광객들에게는 더 잘 알려져 있다. 관음보살이 산다는 낙가산에 있는 사찰답게 보문사는 강원도 동해 낙산사의 홍련암, 경상남도 남해 보리암과 함께 우리나라의 3대 관음성지로 불리고 있다.

보문사는 삼국시대 신라 선덕여왕 시절부터 연원이 전해지는 고찰이다. 현재 아쉽게도 오랜 역사의 흔적을 찾기는 어렵다. 그러나 보문사에 오르면 멀리 보이는 서해 바다와 낙가산의 아름다운 풍경을 함께 경험할 수 있다. 또한 3대 관음성지로서 사찰 이곳저곳을 둘러보면 고찰의 품격과 마음의 평안도 느낄 수 있다.

보문사에 오르기 위해서는 산 아래쪽 주차장에 차를 대고 걸음을 옮겨야 한다. 보문사가 인기 있는 관광코스라 평일에도 주차장은 꽤 붐비는 편이다. 등산객들은 해명산에 올라 능선을 타고 낙가산으로 가서 보문사로 이동하기도 하지만 그건 체력이 달리는 사람에게는 다소 힘든 코스이다.

일단 금강산도 식후경이라고 주차장 인근의 많은 식당 중 한 곳에

▲ 보문사 극락보전

서 밴댕이회 덮밥으로 배를 채우고 보문사에 올랐다. 길은 포장은
잘 되어 있지만 경사가 꽤 가파른 편이다. 길을 오르다 보면 '낙가산
보문사'라고 씌어 있는 현판이 걸린 입구가 나타난다. 입장료를 내
고 다시 급한 경사로를 오르다 보면 너무 숨이 차다 싶을 때쯤 절의
전각들이 보이기 시작한다.

  으뜸이 되는 전각인 극락보전을 비롯해 범종각, 나한전 그리고 삼
성각이 각자의 위치에서 방문객들을 기다리고 있다. 극락보전의 뒤
로는 산의 위쪽에는 바위에 새겨진 마애관음불이 보이고 앞으로는
석모도 앞의 서해바다가 펼쳐져 있다. 가파른 바위산과 넓은 바다의
풍경이 조화를 이루는 곳이 보문사의 극락보전(대웅전)이다.

보문사는 유서 깊은 고찰이기는 하지만 유명 사찰로서 성장한 것은 근래에 들어서라고 한다. 보문사의 성장은 과거 박정희 대통령 정권 시절 대통령 부인 육영수 여사와의 인연과 관계가 깊다. 독실한 불교신자인 육영수 여사가 자주 찾게 되면서 보문사가 사세(寺勢)를 키울 수 있었다는 것은 꽤 알려진 일이다.

　　이 책의 집필을 위해 석모도를 방문했을 때 주민 한 분에게 육 여사의 보문사 방문기를 들을 수 있었다.[21] 50년이 넘은 일이지만 꽤 생생하게 기억하고 계셨다. 주민분에 따르면 1968년 10월에 육 여사가 보문사를 방문하기 위해 석모도를 찾았다. 육 여사는 올 때 비서와 통통배를 타고 와서 4시간 가량 보문사에서 기도를 올렸다. 그리고 돌아갈 때에는 군(軍)에서 쾌속정을 준비했다. 쾌속정을 타기

▲ 보문사 마애석불좌상

▲ 마애불 앞에서 바라본 석모도의 갯벌과 바다

위해 5미터 높이 제방을 내려가야 하는데 10분이나 걸렸다고 한다. 또 배를 타고 이동할 때에는 갯골에 배가 걸려서 고생을 했다고 한다. 아무튼 그렇게 육 여사가 다녀간 뒤 보문사는 석모도의 작은 암자 수준에서 상당한 규모의 사찰로 성장했다고 한다.

육 여사가 다녀간 뒤 1972년 대웅전(현재의 극락보전)을 신축했고, 보문사의 범종도 1975년 육 여사가 시주한 것이다. 범종은 그 무게가 상당해서 육상 수송은 불가능했고 치누크 헬기를 이용해 산으로 옮기고 다시 지렛대를 이용해 보문사에 안치했다고 한다. 보문사가 박정희 정권 시절 과거 왕실의 원찰(願刹) 같은 역할을 했다고 볼 수도 있지 않을까?

보문사의 전각들을 봤다고 보문사 탐방이 끝난 것은 아니다. 보문사의 마애석불좌상을 보려면 또 한참 계단을 올라야 한다. 인터넷에서 찾아보니 계단 섬돌의 개수는 419개라고 하는데 나는 처음에는 그게 맞나 하고 세면서 올라가봤다. 그러나 중간쯤부터 완전히 지쳐 개수 세는 것은 포기해 버렸다.

몇 번을 쉬고도 숨을 헐떡이며 땀범벅이 되어 겨우겨우 계단을 다 오르니 인천광역시 유형문화재 제29호인 보문사 마애석불좌상을 만날 수 있었다. 1928년 낙가산의 눈썹바위에 새긴 관세음보살이다. 힘든 계단을 400개 넘게 올라와 앞에서 힘들게 헐떡이는 미약한 중생을 따뜻한 미소로 맞아주고 있다. 그렇게 거대하거나 화려하지는 않지만 그래도 푸근함이 느껴진다.

마애불 앞으로는 석모도의 바다가 넓게 펼쳐진다. 관세음보살은 넓은 서해바다를 바라보며 이 세상 중생들을 생각하고 있는 듯 했다. 나도 관세음보살 앞에서 바다 풍경을 바라보았다. 400여 개의 계단을 올라와 관세음보살도 접견하고 석모도의 아름다운 바다 풍경도 만나니 올라온 수고가 아깝게 느껴지지는 않았다. 관세음보살과 석모도의 바다 풍경을 뒤로 하고 다시 산을 내려 왔다.

관세음보살이 산다는 낙가산의 보문사. 이곳에 이르는 길은 쉽지 않다. 특히 평소 나처럼 체력관리에 게을렀다면 더욱 그렇다. 하지만 그 수고는 고통받는 중생을 자비로 구제한다는 관세음보살을 만나기 위한 하나의 조건처럼 느껴진다. 오늘도 석모도 낙가산의 관세음보살은 서해를 바라보면서 말없이 그곳에 있다.

참고문헌

『조선왕조실록』

『승정원일기』

『경국대전』

『신증동국여지승람』

『증보문헌비고』

『속수증보강도지』

『교동부읍지』

『삼산면지』, 삼산면지편찬위원회, 2000.

석모도의 역사에 대해서는 많은 자료가 전해지지 않았다.
좋은 책을 만들고 싶었으나 자료가 부족하니 어떻게 해야 할까 고민도 깊어졌다.
하지만 부족한 자료 속에서도 역사의 작은 조각을 찾아낼 수 있었다.
그리고 그 조각들을 이어가면서 간척, 목장, 보문사 등
석모도 역사의 중요한 줄기를 이루는 것들을 확인할 수 있었다.

석모도의 역사
이야기를 끝내며

석모도의 역사 이야기를 끝내며

이번 역사의 길 총서 2권은 1권에서의 교동도에 이어 역시 강화군에 속한 섬인 석모도에 대해 다루었다. 이 책의 서두에서 언급했듯이 석모도는 많은 사람들에게 휴식처이자 여행지로 사랑받는 섬이지만 그곳의 역사나 문화에 대해 알려주는 자료를 찾기 어려웠다. 이 책은 석모도의 겉모습만이 아닌 그곳의 내면에 얽힌 이야기들을 알고 싶은 사람들에게 도움을 주고자 기획되었다.

석모도는 아름다운 섬이다. 이 책을 쓰면서 필자들은 석모도를 몇 차례 찾았다. 직접 가본 해명산, 민머루 해변, 보문사 등은 거대하거나 웅장하지는 않지만 아늑하고 포근했다. 이러한 석모도의 모습이 잘 보존되었으면 하는 생각이 들었다

석모대교가 개통되면서 석모도의 모습도 많이 변하고 있다. 지역 주민들은 육지와의 교통이 편리해지는 혜택을 받고 있다. 또한 방문객의 증가로 지역경제의 활성화에도 도움을 줄 수 있기에 석모대교

의 개통은 긍정적인 부분이 크다고 할 수 있다.

그러나 한편으로는 석모도를 찾는 사람들이 늘어나고, 석모도가 개발되면서 아름다운 풍경이 사라지지 않을까 걱정되기도 한다. 그 풍경에는 자연이 있고 이 책에서 살펴본 역사가 담겨 있다. 석모도의 아름다운 풍경이 사라져버린다면 간척과 목장 등 석모도의 사람들과 함께 해온 역사의 한 부분도 사라져 버리는 것 아닐까. 부디 석모도의 개발과 보존이 균형 있게 이루어지기를 바란다.

석모도의 역사에 대해서는 많은 자료가 전해지지 않았다. 좋은 책을 만들고 싶었으나 자료가 부족하니 어떻게 해야 할까 고민도 깊어졌다. 하지만 부족한 자료 속에서도 역사의 작은 조각을 찾아낼 수 있었다. 그리고 그 조각들을 이어가면서 간척, 목장, 보문사 등 석모도 역사의 중요한 줄기를 이루는 것들을 확인할 수 있었다.

물론 이 책은 내용상 부족한 부분이 많다. 특히 현재 석모도 사람들의 삶을 제대로 다루지 못한 것은 크게 아쉬운 일이다. 또한 많지 않은 자료를 가지고 필자들이 이야기를 풀어나가다 보니 내용 간에 다소 중복되는 느낌이 드는 부분들도 있을 것이다. 앞으로 이러한 부족한 부분들을 보완하는 기회를 만들 수 있도록 노력하겠다.

1장 | 석모도의 아주 오래된 歷史 아닌 역사(役事)의 흔적

01 『숙종실록』 권15, 숙종 10년 7월 29일.

02 『고려사』 권106 열전19 제신 김훤 부 김개물.

03 『현종실록』 권19, 현종 12년 2월 26일.

04 『숙종실록』 권39 숙종 30년 7월 21일.

05 『숙종실록』 권44 숙종 32년 9월 5일.

06 『숙종실록』 권49 숙종 36년 12월 14일.

07 『숙종실록』 권40, 숙종 30년 11월 2일.

08 『정조실록』 권30, 정조 14년 7월.

09 『현종실록』 권2, 헌종 1년 6월 24일.

10 『고종시대사』 6집, 1909년(기유) 2월 16일자, 『대한매일신보』 1909년 2월 19일자.

11 『매일신보』 1936년 1월 23, 24일자.

12 『세종실록』 권46, 세종 11년 11월 11일.

13 『대동지지』 경기 교동현.

14 『세종실록』 권148, 지리지 경기 부평 도호부 교동현.

15 『속수증보강도지』 4절 도서조.

16 『세종실록』 148권, 지리지 경기 강화도호부.

17 『고려사』 권91 열전4 종실 순안공 종, 권29 세가29 충렬왕 9년 8월.

18 『숙종실록』 권7, 숙종 4년 10월 23일.

19 『승정원일기』 숙종 44년 3월 24일, 『비변사등록』 71책, 숙종 44년 3월 26일.

20 『각사등록』 공문편안 84.

21 『세종실록』 지리지 권148, 교동현 산천.

22 『기전읍지』 3책 교동부 도서조.

23 『숙종실록』 권49, 숙종 36년 12월 14일.

24 『숙종실록』 권39, 숙종 30년 7월 20일.

25 『숙종실록』 권49, 숙종 30년 숙종 30년 11월 2일.

26 1989년 5월, 삼산면 상리 청주 한씨 12세손이 제보.

27 『경기지』 6책, 『강화부지』 승결.

28 이광린, 『이조수리사연구』 한국연구원, 1961, 77~78쪽.

2장 | 석모도의 들판 그리고 교회

01 석모도의 행정구역명은 인천광역시 강화군 삼산면이다. 석모도 서쪽의 미법
도(미법리)와 서검도(서검리)도 삼산면에 속한다.

02 삼산면지편찬위원회 편, 『삼산면지』, 1999, 43~44쪽. 필자는 혼동을 피하기
위하여 이 섬을 매음도로만 지칭할 것이다. 이 글에서 석모도라고 할 때는 세
섬이 합쳐진 오늘날의 석모도만을 의미한다.

03 농어촌진흥공사 편, 『한국의 간척』, 1995, 8쪽.

04 해당 역사 기록은 다음과 같다. "이후 김방경이 서북면병마판관이 되었을 때
몽고군이 공격해 오자 여러 성에서는 위도로 입보하였다. 섬에는 10여 리 되
는 평지가 있어 경작할 수 있었는데 조수가 걱정되어 개간할 수 없었다. 김방
경이 제언을 쌓고 파종하게 하니 민은 처음에는 이를 힘들게 여겼으나, 가을
이 되어 곡식이 잘 익자 사람들이 이에 힘입어 생활할 수 있었다(後爲西北
面兵馬判官, 蒙古兵來攻, 諸城入保葦島. 島有十餘里, 平衍可耕, 患海
潮不得墾. 方慶令築堰播種, 民始苦之, 及秋大熟, 人賴以活)."(『고려사』

권104, 「열전」 권17, 제신, 김방경)

05 해당 역사 기록은 다음과 같다. "고종 43년 2월 제서를 내리기를 '여러 도가 병화로 피폐해져 조부가 줄어들었으니, 주현의 기인들로 하여금 한지를 경작토록 하고 조세를 거두어 경비에 보태도록 하라. 또 문무 3품 이하 권무 이상에게 정부를 차등 있게 내도록 하여 제포와 와포에 둑을 쌓아 좌둔전으로 삼고 이포와 초포는 우둔전으로 삼도록 하라'고 하였다(四十三年二月 制, "諸道被兵凋殘, 租賦耗少, 其令州縣其人, 耕閑地, 收租補經費. 又令文武三品以下, 權務以上, 出丁夫有差, 防築梯浦·瓦浦, 爲左屯田, 狸浦·草浦, 爲右屯田)."(『고려사』 권79, 「지」 권33, 식화이, 농상)

06 『고려사』 권82, 「지」 권36, 병이, 둔전.

07 김락기·정학수·안홍민·정이슬, 『교동도: 전란과 긴장, 대립의 역사』, 글누림, 2018, 68~70쪽.

08 『세종실록』 「지리지」, 경기, 부평도호부, 교동현.

09 염생습지는 퉁퉁마디, 갯길경, 거머리말, 해조류 등의 염생식물이 밀생하는 갯벌이다. 갯벌은 퇴적물이 지속적으로 쌓이면 바다 쪽으로 성장하면서 바다를 향하여 점차 낮아지는데, 이때 지면이 높아져 바닷물의 침입이 줄어들면 염생식물이 자라게 되고 그로 인하여 퇴적물이 더욱 집적된다. 이 지형은 간척에 가장 유리하며 농경지로 활용하기에 매우 좋다.

10 해당 역사 기록은 다음과 같다. "금년에 강화의 제언을 쌓는다면 경작할 만한 땅은 얼마인가? 1천 결에 이른다면 명년부터 시작하여 선군으로 하여금 경종하게 하여서 둔전으로 삼으라(今年築江華堤堰, 可耕之地幾至千結, 明年爲始, 令船軍耕種, 以爲屯田)."(『태종실록』 권28, 태종 14년 9월 16일)

11 『세종실록』 권92, 세종 23년 1월 27일 을축.

12 『문종실록』 권10, 문종 1년 11월 18일 임자.

13 조선 전기 민생 구제를 위한 간척과 궁방 세력의 간척에 대한 이상의 내용은 박영한·오상학, 『조선 시대 간척지 개발: 국토 확장 과정과 이용의 문제』, 서

울대학교 출판부, 2004, 38~42쪽을 참고하였다.

14 해남 윤씨 가문의 언전 개발에 대한 이상의 내용은 정윤섭, 「16~18세기 海南
尹氏家의 海堰田 개발과정과 背景」, 양선아 엮음, 『조선 후기 간척과 수리』,
민속원, 2010, 129~159쪽을 참고하였다.

15 삼산면지편찬위원회, 『삼산면지』, 1999, 123~125쪽.

16 해당 역사 기록은 다음과 같다. "강화유수 조복양이 아뢰기를 '강화의 백성들
이 전날 대청포에 제방을 쌓아 혜택을 입은 일을 보고, 포구에 제방을 쌓아
주기를 원하는 뜻으로 늘 와서 호소하였습니다. (중략) 호조에서 내려 보낸
다수의 무명이 본부에 남아 있는데 그중 1백 동을 얻어 역군을 모집하여 역
사를 일으킬 자료로 삼기를 원합니다. 이는 백성을 위해 관개하는 일에 관계
되므로 감히 이렇게 여쭙니다' 하니 상이 이르기를 '그 전에 제방을 쌓았던 때
의 전례에 따라 병조의 무명 50동을 주게 하는 것이 좋겠다' 하였다(江華留守
趙復陽所啓, 江都之民, 見前日大淸浦堤築蒙利之事, 以願爲防浦之意, 每每來訴,
(중략) 自戶曹下去之本多數, 留在本府, 願得一百餘同, 以爲募一軍起役之地, 係是
爲民灌漑之事, 故敢此仰稟, 上曰, 依前日築堤時兵曹木五十同給之, 可也)."(『비변
사등록』, 현종 5년 7월 27일 병진)

17 해당 역사 기록은 다음과 같다. "또 아뢰기를 '제물포에 설치한 진은 근방에
샘이 전혀 없어서 평시에도 토병들이 큰 곤란을 겪고 겨울철에는 멀리 5리
밖에까지 가서 물을 길어 오는 형편이니, 만약 사변이라도 일어나 군병이 모
여들게 된다면 장차 낭패를 면치 못하게 될 것입니다. 본진 앞에 작은 개펄이
하나 있어서 서필원의 결정으로 하나의 나무다리를 놓았는데, 이제 만약 그
나무다리에 제방을 쌓아서 물을 저장한다면 물이 부족한 폐단도 없앨 수 있
고 갯가의 묵은 땅 50여 두락지기를 역시 논을 만들어 개간함으로써 이것으
로 토병들의 생계를 도와 줄 수도 있을 것입니다. (중략) 피차간의 손익이 이
처럼 뚜렷한 만큼 제방을 막지 않을 수 없습니다' 하니, 상이 아뢴 대로 하라
고 하였다(又所啓, 濟物設鎭之處, 全無井泉, 常時土兵等, 亦甚艱苦, 至於冬節,

則遠汲於五里許, 脫有事變軍兵聚會, 則將未免狼狽之患矣, 本鎭前有一小浦, 徐必遠定奪, 造一木橋, 今若於造橋之處, 築堤防塞, 而儲水則可無乏水之弊, 浦邊陳荒處五十餘石落種之地, 亦可以作畓耕墾, 以資土兵等生理矣, (중략) 彼此損益, 多少懸絶, 不可不決定防塞矣, 上曰, 依爲之).”(『비변사등록』, 현종 11년 10월 5일 기축)

18 『현종개수실록』권26, 현종 14년 2월 5일.

19 『숙종실록』권39, 숙종 30년 7월 20일.

20 『숙종실록』권44, 숙종 32년 9월 5일.

21 『숙종실록』권49, 숙종 36년 12월 14일.

22 『숙종실록』권51, 숙종 38년 4월 17일.

23 삼산면지편찬위원회, 앞의 책, 45~48쪽.

24 『영조실록』권37, 영조 10년 1월 20일.

25 『숙종실록』권40, 숙종 30년 11월 2일.

26 『비변사등록』, 숙종 44년 3월 26일.

27 송가도는 영험한 곳으로 알려져 기우제 등 주요 제사를 드리는 장소가 되기도 했다(『세종실록』권46, 세종 11년 11월 11일;『세종실록』권76, 세종 19년 3월 13일;『중종실록』권59, 중종 22년 5월 28일).

28 삼산면지편찬위원회, 앞의 책, 188~189쪽.

29 매음도와 어유정도 사이의 간척에 대한 이상의 내용은 윤철상,『윤철상의 베푸는 삶: 바닷바람과 함께 걸어온 길』, 도서출판 도리, 2005, 78~116쪽을 참고하였다.

30 삼산면지편찬위원회, 앞의 책, 203쪽.

31 윤철상이 운영하고 있던 강화도 내가면 외포리 소재의 정미소 건물이 전소되면서 정부 양곡 600가마와 인근의 초가 20동이 소실되고 102명의 이재민과 3,300만 원의 손해를 낳은 대화재였다.『경향신문』과『동아일보』에 보도되었다.

32 스코틀랜드 장로교, 서상륜, 소래교회에 대한 이상의 내용은 김양선, 「Ross Version과 韓國 Protestantism」,『백산학보』3, 1967을 참고하였다.

33 선교 구역 분할에 대한 이상의 내용은 변창욱, 「초기 내한 장로교·감리교 선교사간(間) 초교파 협력의 이중적 성격: 연합과 협력 vs. 경쟁과 갈등」,『선교와 신학』14, 2004, 91~98쪽을 참고하였다. 최종적으로 북감리교는 경기도와 충청도, 북장로교는 평안도와 경상북도, 호주 장로교는 경상남도, 남장로교는 전라도, 캐나다 장로교는 함경도, 남감리교는 강원도를 담당하게 되었다. 그러나 이러한 분할은 1930년대 이후 무시되었으며 1956년 철폐되었다.

34 박헌용 편술, 이연세 외 역주,『역주속수증보강도지』(상), 인천광역시 역사자료관, 2016, 265쪽. 이 책에는 존스가 처음 강화도에 간 때가 1898년이라고 잘못 기록되어 있다.

35 옥한석, 「개신교 감리교의 강화도 전래와 문화변동」,『대한지리학회지』49-5, 2014, 712쪽.

36 朴憲用 編述, 이연세 외 역주, 앞의 책, 265쪽.

37 http://www.japong.com/korea/gg/ganghwa/ganghwa_protestant_history. pdf.

38 이덕주, 「지역사회에서 교회의 지도력 형성에 관한 역사적 고찰: 선교 초기 강화감리교회 역사를 중심으로」,『누리와 말씀』13, 2003, 60쪽.

39 『기독교대한감리회중부연회총람』, 1992, 505~527쪽.

40 케이블에 대한 보다 구체적인 내용은 한국감리교인물사전DB(https://kmc. or.kr/dic-search/dictionary)를 참고할 것.

41 박헌용 편술, 이연세 외 역주, 앞의 책, 274쪽.

42 http://www.japong.com/korea/gg/ganghwa/ganghwa_protestant_history. pdf.

43 부흥여학교의 설립연도는『삼산면지』에 1902년으로 기록되어 있다(삼산면지편찬위원회, 앞의 책, 226쪽). 그러나 감리교여선교회가 강화도에 학교를

세운 것이 1912년이었다는 기록으로 보건대(朴憲用 編述, 이연세 외 역주, 앞의 책, 275쪽), 부흥여학교는 1912년 이후에 세워졌을 가능성이 높다.

44 육영의숙(삼산학원), 부흥여학교, 항포유치원, 삼산재건중학교, 삼산숭영중학교에 대한 이상의 내용 대부분은 삼산면지편찬위원회, 앞의 책, 226~240 쪽과 273~280쪽 등을 참고하였다.

45 초창기 성공회 선교사들의 활동에 대한 이상의 내용은 Mark Napier Trollope, The Church in Corea. London and Milwaukee: A. R. Mowbray & Co., 1915 등의 원문 자료를 참고하였다. 피크는 성직자 서품을 받고 의사 자격까지 갖춘 후 1900년 여름 조선에 재입국하였으나, 이듬해 9월 남아프리카 선교를 위하여 다시 영국으로 돌아갔다.

46 박장희, 「영국 성공회의 강화도 선교와 특징(1890~1910)」, 동국대학교 석사학위논문, 2018, 32쪽.

47 Mark Napier Trollope, op. cit., pp. 87~93. 두 교단의 선교 구역이 이토록 유사한 근본적인 원인은 아무래도 감리교의 창시자 웨슬리(John Wesley, 1703~1791)가 성공회 성직자 출신이었다는 데서 찾을 수 있겠다. 성공회는 감리교보다는 가톨릭과 비슷해 보이지만, 감리교 역시 성공회의 주교제를 모델로 한 감독제를 채택하고 문화적으로도 포용하는 태도를 견지하였다. 따라서 두 교단의 선교는 상대의 선교를 방해하지 않으면서 이루어질 수 있었다.

48 워너의 강화도 선교에 대한 이상의 내용은 김옥룡, 『강화선교백년사』, 성공회강화선교백주년사업회, 1993을 참고하였다.

49 박장희, 앞의 글, 14쪽.

50 Mark Napier Trollope, op. cit., pp. 60~61.

51 삼산면지편찬위원회, 앞의 책, 226쪽; 朴憲用 編述, 이연세 외 역주, 앞의 책, 273쪽.

52 김옥룡, 앞의 책, 73~74쪽. 『강도지』에 따르면 신명학원 또는 신명서당은 강화도에도 있었다. 초지신명학원과 잉성신명학원, 삼흥신명서당, 내리신명서

당이 그것이다. 모두 온수리 출신의 성공회 사제 김영선(金永善, 1924~1964)이 설립하였다.

53 오세주·오세종, 『永宗教會百年史』, 삼봉문화사, 1992, 33쪽.

54 강화도 최초의 신자들과 부근리공소 및 대산리공소에 대한 이상의 내용은 강화성당 홈페이지(http://www. gangwha.kr/bbs/board.php?bo_table=history&wr_id=5&page=1)를 참고하였다.

55 온수리공소에 대한 이상의 내용은 온수성당 홈페이지(http://onsu.or.kr/onsu_info)를 참고하였다.

56 석모도의 첫 천주교 세례교인 이루이사에 대한 이상의 내용은 강화성당 홈페이지(http://www.gangwha. kr/bbs/board.php?bo_table=history&wr_id=5&page=1)를 참고하였다.

57 삼산면지편찬위원회, 앞의 책, 282쪽.

3장 | 석모도의 산, 그곳에 얽힌 역사 이야기

01 『태종실록』 권29, 태종 15년 1월 21일.

02 『세종실록』 권37, 세종 9년 8월 26일.

03 장봉도와 모도, 시도, 신도는 현재는 인천광역시 옹진군에 속하지만, 조선전기에는 강화도호부 소속이었다.

04 일부에서는 강음목장을 강화(하음현)에 위치한 목장이었다고도 하나 황해도 강음현에 위치했던 목장이 맞는 것으로 보인다.

05 『속수증보 강도지』 목장조.

06 팔준마의 명칭과 산지는 다음과 같다.
횡운골(橫雲鶻)-여진, 유린청(游麟靑)-함흥, 추풍오(追風烏)-여진, 발전자(發雷赭)-안변, 용등자(龍騰紫)-단천, 응상백(凝霜白)-제주, 사자황(獅子黃)-강화 매도, 현표(玄豹)-함흥.

07 『숙종실록』에는 용비어천가에 나온 팔준마가 진강의 품종이었다는 숙종의 언급이 기록되어 있으나 이는 같은 강화부 소속의 매도 목장과 혼동을 일으킨 것이라고 생각된다.

08 보물 제1595-1호. 원래 1635년(인조 13) 사복시 정(正)이었던 장유가 지어 올린 것이나 전란으로 사라지고, 숙종 때 허목 등이 다시 만든 것이다. 현재 국립중앙도서관에 소장되어 있다.

09 『숙종실록』 권57, 숙종 42년 1월 29일.

10 『정조실록』 권27, 정조 13년 5월 26일.

11 『숙종실록』 권46, 숙종 34년 10월 8일.

12 『숙종실록』 권51, 숙종 38년 5월 13일.

13 『정조실록』 권27, 정조 13년 5월 26일.

14 길상과 진강 두 목장은 처음에는 별개의 목장이었다. 그러나 두 목장의 경계가 희미해지면서 두 목장을 연결하게 되고 진강과 길상목장은 동일한 목장을 일컫는 이름으로 쓰인다.

15 『강화의 마장-지표조사보고서-』, 인천광역시립박물관, 2007.

16 『태종실록』 권29, 태종 15년 1월 21일

17 이 서계는 김석주의 문집인 『식암유고』(息庵遺稿)에 전한다.

18 『교동부읍지』.

19 『승정원일기』 362책, 숙종 20년 10월 18일.

20 『승정원일기』 247책, 숙종 1년 5월 25일.

21 육영수 여사의 석모도 방문에 대해서는 과거 농협삼산지소장을 지내신 안세옥 선생께서 말씀해 주셨다. 면담에 협조해주신 안세옥 선생님께 감사의 뜻을 전한다.

석모도

산과 갯벌, 바다가 만든 역사

초판 1쇄 인쇄 2019년 12월 6일
초판 1쇄 발행 2019년 12월 12일

지은이 홍영의 이영미 안홍민
펴낸이 최종숙
펴낸곳 글누림출판사

편집 이태곤 권분옥 문선희 임애정 백초혜
디자인 안혜진 최선주 김주화 | 마케팅 박태훈 안현진

주소 서울시 서초구 동광로46길 6-6(반포4동 577-25) 문창빌딩 2층(우06589)
전화 02-3409-2055(대표), 2058(영업), 2060(편집)
팩스 02-3409-2059 | 전자우편 nurim3888@hanmail.net
홈페이지 www.geulnurim.co.kr
블로그 blog.naver.com/geulnurim
북트레블러 post.naver.com/geulnurim
등록번호 제303-2005-000038호(2005.10.5)

정가는 뒤표지에 있습니다.
ISBN 978-89-6327-600-7 04080
       978-89-6327-545-1 (세트)